MASSOUD BARGELAME

Die Sonderziehungsrechte im internationalen Währungssystem

Untersuchungen über das Spar-, Giro- und Kreditwesen

Abteilung A: Wirtschaftswissenschaft

Herausgegeben von Fritz Voigt

Band 112

Die Sonderziehungsrechte im internationalen Währungssystem

Von

Dr. Massoud Bargelame

DUNCKER & HUMBLOT / BERLIN

Redaktion: Dr. Hermann Witte

Gedruckt 1981 bei Buchdruckerei A. Sayffaerth - E. L. Krohn, Berlin 61
Printed in Germany
ISBN 3 428 04993 4

Meinem Vater

Djawad Bargelame

Inhaltsverzeichnis

Tabellenverzeichnis

Abbildungsverzeichnis

Vorwort

Vor etwas mehr als einem Jahrzehnt wurden die Sonderziehungsrechte durch den Internationalen Währungsfonds eingeführt. Erste Erfahrungen über ihre Verwendung und ihre Wirkung liegen somit vor.

Der Schaffung der Sonderziehungsrechte lag vor allem das Ziel zugrunde, diese zur wichtigsten Reserveeinheit im internationalen Währungssystem zu entwickeln. Dieses Ziel ist bislang aber keineswegs erreicht worden. Die quantitative Bedeutung der Sonderziehungsrechte im Vergleich zu anderen Währungsreserven ist trotz mehrfacher Zuteilungen nach wie vor gering. Behindert wurde die Verwendung der Sonderziehungsrechte lange Zeit auch durch ein kompliziertes Verfahren der Wertbestimmung und wegen unattraktiver Verzinsung.

In jüngster Zeit sind erhebliche Anstrengungen unternommen worden, die Position der Sonderziehungsrechte zu verbessern. So wurde der für die Wertermittlung zugrunde gelegte Währungskorb stark vereinfacht; die Zahl der im Korb enthaltenen Währungen ist von 16 auf 5 Währungen von Ländern mit weltwirtschaftlicher Bedeutung und funktionsfähigen Finanzmärkten verringert worden. Außerdem wurde der Zins auf Sonderziehungsrechte der Entwicklung der Marktzinsen in den Korbländern stärker angepaßt. Durch diese Maßnahmen wurde der Grundstein dafür gelegt, daß Sonderziehungsrechte künftig auch von privaten Wirtschaftseinheiten intensiver genutzt werden können als bisher.

In der vorliegenden Studie sollen vor allem die Wirkungen und bisherigen Erfahrungen mit den Sonderziehungsrechten systematisch analysiert und ausgewertet werden. Hierbei wird nicht nur versucht, den Einfluß der Sonderziehungsrechte auf den Zahlungsbilanzanpassungsprozeß und die Weltinflation zu konkretisieren, sondern es werden vor allem auch die Pläne zur Erweiterung der Verwendung der Sonderziehungsrechte durch ein Substitutionskonto sowie zum Ausbau des internationalen Währungssystems zu einem Sonderziehungsrechts-Standard ausführlich diskutiert.

Ausgeklammert bleibt in der Studie die Problematik der Verwendung der Sonderziehungsrechte im Rahmen der Finanzhilfe für Entwicklungsländer, der sogenannte „Link“. Die Studie ist eingebettet in eine Betrachtung der währungspolitischen Entwicklung, die zur Einführung der Sonderziehungsrechte in das internationale Währungssystem geführt hat.

I. Ökonomisch-politischer Hintergrund für die Einführung der Sonderziehungsrechte

1. Goldstandard als Entwicklungsstufe zum Bretton-Woods-System

a) Funktionsweise des Goldstandards

Als Goldstandard im klassisch-theoretischen Sinn kann nur eine Goldumlaufswährung angesehen werden, bei der Goldmünzen in erheblichem Umfang als unbeschränktes gesetzliches Zahlungsmittel eingesetzt werden[1]. In einem derartigen System hat jedermann das Recht, aus Gold Münzen prägen zu lassen. Noten und Scheidemünzen sind jederzeit in Gold bei der Zentralbank einlösbar.

Im internationalen Bereich ist der Goldstandard durch eine enge Bindung der Wechselkurse an die Goldparität gekennzeichnet. Dies ergab sich durch die Verpflichtung der beteiligten Länder, Gold gegen inländische Währung zu festen Preisen zu kaufen und zu verkaufen. Hierdurch konnten die Wechselkurse nur im Ausmaß der Höhe der Transport- und Versicherungskosten für den Goldversand yoneinander abweichen. Sobald sich z. B. der Wechselkurs eines Landes um mehr als einen Bruchteil abzuwerten begann, wurde es für Importeure lohnend, statt der benötigten Devisen direkt Gold an den ausländischen Exporteur zu transferieren. Da die Abwertung zu einer Verbilligung des Goldes in dem betreffenden Land führte, wurden zusätzliche Goldkäufe von seiten des Auslands stimuliert. Der Punkt, von dem an es sich für Inländer lohnte, Zahlungsverpflichtungen gegenüber anderen Ländern in Gold zu begleichen, wird als Goldexportpunkt bzw. oberer Goldpunkt bezeichnet.

Umgekehrt bewirkte die Aufwertung einer Währung um einen geringfügigen Prozentsatz, daß ausländische Exporteure ihre Rechnungen statt in Devisen in Gold beglichen. Insgesamt hatte die Aufwertung zur Folge, daß das Gold im Inland verteuert wurde, und Goldverkäufe des Auslands einsetzten. Der Punkt, von dem an es sich für Ausländer lohnte, Zahlungsverpflichtungen gegenüber dem Inland in Gold zu begleichen, wird als Goldimportpunkt bzw. unterer Goldpunkt bezeichnet.

---

[1] Vgl. Moeller, Hero, Goldwährung, in: Handwörterbuch der Sozialwissenschaften, Bd. 4, Stuttgart, Tübingen, Göttingen 1965, S. 614.

Goldexporte und Goldimporte gewährleisteten, daß sich Abwertungen und Aufwertungen der Währungen im Goldstandard in engen Grenzen hielten. Dieses Ergebnis wurde durch die internationale Gold- und Devisenarbitrage zustande gebracht. Dadurch, daß die Wechselkurse über die Goldparität in engen Grenzen fixiert waren, lösten Zahlungsbilanzungleichgewichte internationale Goldbewegungen aus. Im Rahmen der Goldumlaufswährung führte dies unmittelbar zu Veränderungen der Geldmenge in den einzelnen Volkswirtschaften.

In Zahlungsbilanzdefizitländern bewirkten die Goldabflüsse eine Geldmengenkontraktion und eine Senkung des inländischen Preisniveaus[2]. Die internationale Wettbewerbsfähigkeit verbesserte sich, die Exporte stiegen, die Importe nahmen ab, und die Zahlungsbilanz tendierte wieder zum Gleichgewicht. In Zahlungsbilanzüberschußländern führten die Goldzuflüsse zu einer Geldmengenexpansion mit entsprechenden inflationären Effekten. Hierdurch verschlechterte sich die internationale Wettbewerbsfähigkeit. Über einen Rückgang der Exporte und einen Anstieg der Importe wurde eine Tendenz zum Gleichgewicht ausgelöst.

In Form der Goldumlaufswährung sorgte der Goldstandard somit für einen automatischen Ausgleich der Zahlungsbilanzen. Wirtschaftspolitische Eingriffe und Interventionen von seiten der Zentralbanken waren für das Funktionieren des Systems nicht erforderlich. Einige grundlegende Voraussetzungen für den einwandfreien Wirkungsablauf des Goldstandards sind allerdings zu beachten[3, 4]:

1. Weitgehender Verzicht auf konjunkturpolitische Aktivitäten in den einzelnen Ländern;
2. keine Beschränkung des Handels- und Kapitalverkehrs;
3. ausreichende Flexibilität von Preisen und Löhnen;
4. währungsgesetzliche Absicherung der erforderlichen Grundverhaltensregeln und deren Einhaltung;
5. enge wirtschaftspolitische Kooperation vor allem zwischen den Zentralbanken.

b) Goldstandard von 1880 - 1914

In der ökonomischen Realität wurden die für das einwandfreie Funktionieren des Goldstandards notwendigen Grundregeln nicht immer

[2] Vgl. zur Darstellung dieses Mechanismus, Stern, Robert M., The Balance of Payments — Theory and Economic Policy —, London 1973, S. 111 - 123.

[3] Vgl. Lutz, Friedrich A., Goldwährung und Wirtschaftsordnung, in: Weltwirtschaftliches Archiv, Bd. 41 (1935), S. 234 f.

[4] Vgl. Weise, Herbert, Das Gold in der Weltwirtschaft, unveröffentlichtes Manuskript, Kiel 1969, S. 80.

konsequent eingehalten. Auf breiter internationaler Ebene läßt sich nur für die Periode von 1880 - 1914 eine annäherungsweise Befolgung der erforderlichen Verhaltensnormen beobachten[5]. In dieser Zeit beteiligten sich alle wichtigen europäischen Länder und später auch die Vereinigten Staaten am Goldstandard als Ordnungssystem der nationalen und internationalen Währungs- und Wirtschaftsbeziehungen.

Der letztlich weltweit praktizierte Goldstandard hat seine Ursprünge in dem seit dem Ende des 18. Jahrhunderts, insbesondere jedoch seit 1816 angewendeten Zahlungs- und Verrechnungsverkehr im Britischen Imperium. Zum Ende des 19. Jahrhunderts hin entwickelte sich der Goldstandard immer mehr in Richtung auf einen Golddevisenstandard mit dem Sterling als Leitwährung und London als zentralem Finanzplatz. Die Schlüsselstellung, die London damals als internationales Finanzzentrum einnahm, spiegelte sich unmittelbar in der Struktur der englischen Kapitalbilanz wider. Großbritannien wurde zum bedeutendsten langfristigen Kapitalexporteur der Weltwirtschaft. Die vergleichsweise große Effizienz des Londoner Geld- und Kapitalmarktes lockte in großem Umfang kurzfristige Mittel aus dem Ausland an. Eine derartige Struktur der Kapitalbilanz läßt sich nur erhalten, wenn ein großes Vertrauen in die Leitwährung besteht. Ein Teil dieses Vertrauens hatte Großbritannien mit seiner Kolonialmacht politisch erzwungen[6]. Die Bank von England konnte zur Stützung des Sterling-Kurses über die indischen Goldreserven verfügen, die bei ihr deponiert worden waren.

Das Management des internationalen Währungssystems oblag letztlich der Bank von England, während die Londoner Geschäftsbanken die Funktion eines weltweiten Bankiers bzw. Finanziers wahrnahmen[7]. Reichten die inländischen Goldreserven nicht aus, um Goldabflüssen in das Ausland nachzukommen, versuchte die Bank von England mittels Diskontsatzerhöhungen einen verstärkten Kapitalimport aus dem Ausland zu induzieren. Der Diskontmechanismus konnte wirkungsvoll nur von der Bank von England praktiziert werden, weil die anderen Finanzplätze wie Paris oder Berlin in Technik und Finanzkraft noch relativ unterentwickelt waren und somit nicht so leicht in der Lage waren, kurzfristiges ausländisches Kapital zu attrahieren.

Wie bedeutend der Bankplatz London war, läßt sich an seiner Relation zu den Vereinigten Staaten aufzeigen. Die Vereinigten Staaten

[5] Vgl. Bloomfield, Arthur I., Monetary Policy under the International Gold Standard: 1880 - 1914, New York 1959.

[6] Vgl. Cecco, de, Marco, Money and Empire. The International Gold Standard 1890 - 1914, Oxford 1974, S. 119 f.

[7] Vgl. Yeager, Leland B., International Monetary Relations: Theory, History and Solidity, 2. Aufl., New York, Evanston, San Francisco, London 1976, S. 299 ff.

waren auf dem Gebiet des Finanzwesens damals ebenfalls noch sehr unterentwickelt. Erst 1913 wurde das Zentralbanksystem eingeführt. Bis dahin erfüllte das Londoner Finanzzentrum mehr oder weniger die Funktionen einer weltweit operierenden Zentralbank. Bei Engpässen auf dem amerikanischen Geldmarkt pflegten die Amerikaner ihre Londoner Guthaben in Gold umzutauschen. In solchen Situationen setzte die Bank von England den Diskontsatz herauf, um kurzfristiges Kapital aus anderen Ländern, insbesondere aus Frankreich, nach London zu ziehen.

Durch eine derartige Diskontpolitik wurde der automatische Prozeß zum Zahlungsbilanzausgleich behindert. So führte ein Anstieg des inländischen Preisniveaus nicht immer zu einer Verringerung der inländischen Geldmenge und damit letztlich wieder zu einer Preisniveausenkung und Leistungsbilanzaktivierung[8]. Häufig nämlich bedeuteten steigende Güterpreise auch steigende Unternehmenserträge. Die damit verbundene Verbesserung der Kapitalrendite lockte zusätzliches Auslandskapital an. Dies führte zu weiteren Goldzuflüssen und weiter steigenden Güterpreisen. Der Zwang zur Zahlungsbilanzanpassung war damit zumindest für eine Zeitlang nicht gegeben.

Die Bank von England führte ihre Operationen mit einem relativ geringen Bestand an Goldreserven durch. Sie verließ sich ganz und gar auf den Diskontmechanismus, mit dem sie im Bedarfsfall einen Abfluß von Gold zu neutralisieren versuchte. Starke Goldabflüsse, wie sie in Verbindung mit politischen Kreisen auftreten können, gefährdeten das Funktionieren des Goldstandards. Das System war daher sehr stark von der politischen Stabilität in der Welt abhängig. Mit dem Ausbruch des Ersten Weltkriegs 1914 hörte der Goldstandard als weltweites Währungssystem in seiner klassischen Form auf zu existieren.

c) Goldstandard in der Zwischenkriegszeit

Die Währungsgeschichte der Zwischenkriegszeit wird gekennzeichnet durch das Bemühen, zum Goldstandard der Vorkriegszeit zurückzukehren. Während der Kriegszeit wurde in den meisten Ländern zwar die juristische Fiktion des Goldstandards beibehalten, aber in der Praxis waren durch inoffizielle und später offizielle Beschränkungen der Goldkonvertibilität der nationalen Währungen die wesentlichsten Bestimmungen dieses Währungssystems ausgehöhlt worden[9].

---

[8] Williams, John H., Monetary Stability and the Gold Standard, in: Williams, John H., Postwar Monetary Plans and other Essays, 2. Aufl., New York 1945, S. 156.

[9] Vgl. Yeager, Leland B., International Monetary Relations, S. 310 ff.

Der Erste Weltkrieg hatte viele ökonomische Relationen grundlegend geändert. Die Vereinigten Staaten, die in der Vorkriegszeit dem Rest der Welt gegenüber ein Nettoschuldnerland waren, wurden in wachsendem Maße Nettogläubigerland. Die kriegsführenden Länder in Europa, insbesondere Deutschland, sahen sich einer starken Inflationierung ihrer Währungen gegenüber, die eine Rückkehr zur Goldparität und Goldkonvertibilität der Vorkriegszeit nahezu unmöglich machte. Die Diskussion um die Abwicklung der deutschen Reparationen gegenüber den Siegermächten und der Kriegsschulden Europas den Vereinigten Staaten gegenüber belasteten das Weltwährungssystem stark. Schließlich erwies sich der in seiner Form längst gewandelte Goldstandard der ernsten Belastungsprobe der Weltwirtschaftskrise der dreißiger Jahre nicht mehr gewachsen.

1925 kehrte Großbritannien zur Goldkonvertibilität zurück, und zwar zur Vorkriegsparität, obwohl sich die Güterpreise in Relation zum Gold um 50 % erhöht hatten. Die britische Währung war somit stark überbewertet. Der Versuch, die Überbewertung des Pfund Sterling durch Preis- und Lohnsenkungen zu korrigieren, schlug aufgrund der mangelnden Flexibilität vor allem der Löhne nach unten fehl. Da die Preise stärker sanken als die Löhne, stellte sich ein wirtschaftlicher Abschwung ein.

Frankreich hingegen gelang es, seine Währung zu stabilisieren. Es führte 1926 eine neue Goldparität ein, die auf eine Unterbewertung des Franc hinauslief. Als Folge dieser Unterbewertung realisierte Frankreich starke Goldzuflüsse. Auch die Vereinigten Staaten konnten ihre Goldreserven erhöhen. Der Anstieg der Goldreserven in Frankreich und in den Vereinigten Staaten von 1925 bis 1931 entsprach fast der gesamten Weltgoldproduktion dieser Jahre[10]. Beide Länder nutzten die Goldzuflüsse nicht zur Ausweitung der Geldmenge, wie es klassischen Spielregeln des Goldstandards entsprochen hätte, sondern sterilisierten die Zuflüsse bei ihren Zentralbanken.

Insbesondere England bekam die Auswirkungen dieser Politik zu spüren. Viele kontinentaleuropäische Länder zogen infolge der Verknappung der internationalen Liquidität die auf dem englischen Geldmarkt angelegten Kredite kurzfristig ab. 1931 sah sich die britische Regierung gezwungen, das Pfund Sterling abzuwerten und die Bindung zum Gold aufzuheben. 1933 folgten die Vereinigten Staaten diesem Schritt. Sechs kontinentaleuropäische Länder schlossen sich 1933 zu einem Goldblock zusammen; dieser Verbund scheiterte 1936, was das endgültige Ende des Goldstandards auch in seiner abgeschwächten Form bedeutete.

---

[10] Vgl. Cassel, Gustav, Der Zusammenbruch der Goldwährung, Stuttgart 1937, S. 49.

d) Vorschläge zur Reform des Weltwährungssystems

1933 fanden in London Gespräche statt, die der Vorbereitung einer „World Economic Conference" dienen sollten. In diesen Vorbereitungsgesprächen wurde eine Anzahl von Plänen zur Reform des internationalen Währungssystems diskutiert. Im einzelnen sind die folgenden wesentlichen Vorschläge zu nennen[11]:

1. Emile Francqui, Präsident der Belgischen Nationalbank, schlug die Schaffung einer internationalen Kreditinstitution vor, die kurzfristige Kredite an jene Länder zur Verfügung stellen sollte, die im Zuge der Währungsstabilisierung und der Ankurbelung ihrer Wirtschaft temporäre Zahlungsbilanzdefizite in Kauf nehmen mußten.
2. In einem Memorandum der britischen Regierung wurde die Schaffung eines internationalen Fonds vorgeschlagen, der über 1,5 bis 2 Mrd. Dollar verfügen sollte, um Zentralbanken Kredite zu gewähren, in deren Ländern Beschränkungen des Handels- und Zahlungsverkehrs aufgehoben wurden.
3. Henderson, ein Mitglied des britischen „Economic Advisory Council", schlug die Schaffung internationaler Währungszertifikate vor, die durch die Bank für Internationalen Zahlungsausgleich emittiert werden sollten.
4. Keynes unterbreitete den Vorschlag, Papiergold im Wert von 5 Mrd. Dollar zu schaffen und es auf die einzelnen Länder in Relation zu ihren Goldbeständen von Ende 1928 zu verteilen.

Von den gemachten Vorschlägen kam insbesondere der Vorschlag von Keynes den 1970 eingeführten Sonderziehungsrechten sehr nahe.

2. Grundlagen des Bretton-Woods-Systems

a) Keynes-Plan

Um nach dem Ende des Zweiten Weltkriegs eine Wiederholung der schweren Störungen des internationalen Währungssystems zu vermeiden, trafen sich noch während des Krieges Vertreter von 45 Ländern im Juli 1944 in Bretton-Woods auf einer Konferenz der Vereinten Nationen, um die Grundsätze einer neuen Weltwährungsordnung zu erarbeiten. Zur Diskussion standen der englische Keynes-Plan und der amerikanische White-Plan. Jeder der Pläne war z. T. auf die Bedürfnisse und die Interessen der jeweiligen Länder zugeschnitten.

---

[11] Vgl. Kindleberger, Charles P., The World in Depression 1929 - 1939, London 1973, S. 204 ff.

Der von Keynes erarbeitete Plan sah die Errichtung einer internationalen Clearing-Union vor, an der die einzelnen Länder mit Quoten beteiligt werden sollten[12]. Die Quoten sollten auf der Grundlage der Im- und Exporte des Durchschnitts der Jahre 1936 - 1938 berechnet werden. Einlagen, Kreditmöglichkeiten und Mitspracherecht in der Clearing-Union sollten an die Quoten gebunden sein. Es wurde vorgeschlagen, eine internationale Recheneinheit, den „Bancor", zu schaffen.

Grundsätzlich sah der Keynes-Plan feste Wechselkurse vor. Eine Anpassung der Wechselkurse wurde jedoch nicht ausgeschlossen. Wechselkursänderungen, die über 5 % hinausgingen, sollten der Zustimmung der Clearing-Union bedürfen.

Zur finanziellen Abwicklung von Zahlungsbilanzungleichgewichten wurde von Keynes folgender Mechanismus vorgeschlagen: Zahlungsbilanzdefizitländer sollten 25 % ihrer Quote als zinslosen Kredit erhalten. Überstiegen die Kredite eines Defizitlandes 25 % seiner Quote, so sollten hierfür Zinsen entrichtet werden. Bei einer darüber hinausgehenden Inanspruchnahme von Krediten sollten die betreffenden Länder auf der einen Seite einen erhöhten Zinssatz zahlen, und auf der anderen Seite sollte die Clearing-Union sie veranlassen, ihre Währung abzuwerten oder die Kredite durch die Hingabe nationaler Gold- oder Devisenreserven abzubauen. Sobald die Kredite 75 % der Quote überschritten, sollte die Clearing-Union die Kreditvergabe einstellen.

Für Zahlungsbilanzüberschußländer war vorgesehen, daß diese sich mit der Clearing-Union über Modalitäten zur Herstellung des Zahlungsbilanzgleichgewichts berieten, sobald ihre Währungsreserven die Hälfte ihrer Quote überstiegen. Als Anpassungsmaßnahme waren in diesem Fall eine Aufwertung der jeweiligen Währung oder eine Ausdehnung der inländischen Geld- und Kreditmenge vorgesehen. Der Keynes-Plan beinhaltete die Möglichkeit, kreditorische Salden der Mitgliedsländer mit starker Gläubigerposition nach längerer Zeit zu streichen. Hierdurch sollte auch auf die Überschußländer ein Druck zum Ausgleich ihrer Zahlungsbilanz ausgeübt werden.

b) White-Plan

Der von der amerikanischen Regierung vorgebrachte Plan für eine neue internationale Währungsordnung von Harry D. White sah ebenfalls die Gründung eines Stabilisierungsfonds vor[13]. An dem Fonds

[12] Ein Abdruck des Keynes-Plans findet sich in Horsefield, J. Keith (Hg.), The International Monetary Fund 1945 - 1965, Vol. III, Documents, Washington 1969, S. 3 - 36.

[13] Ein Abdruck des White-Plans findet sich in Horsefield, J. Keith (Hg.), The International Monetary Fund 1945 - 1965, S. 37 - 96.

sollten die Mitgliedsländer in Form von Quoten beteiligt werden. Die Quotenhöhe sollte aufgrund der Goldbestände, der Zahlungsbilanzsituation sowie des Volkseinkommens der Länder ermittelt werden. Die einzelnen Mitgliedsländer sollten 25 % der ihnen zugeteilten Quote in Gold, 25 % in nationalen Währungen und 50 % in verzinslichen Wertpapieren entrichten. Sie sollten die Möglichkeit haben, zur Beseitigung von Zahlungsbilanzdefiziten fremde Währungen gegen eigene Währung zu kaufen. Als Obergrenze für derartige Kredite war 200 % ihrer Quote vorgesehen. Darüber hinausgehende Kredite wurden von der Genehmigung durch den Fonds abhängig gemacht. Eine derartige Genehmigung durch den Fonds sollte mit Auflagen für eine Korrektur der Wirtschaftspolitik des betreffenden Landes verbunden werden. Der Fonds sollte auf diese Weise eine Möglichkeit bekommen, Einfluß auf die Wirtschaftspolitik von Defizitländern auszuüben. Ein Druckmittel zum Abbau der Überschüsse von Gläubigerländern war in dem White-Plan nicht vorgesehen.

Das Bretton-Woods-Abkommen von 1944 stellte einen Kompromiß zwischen dem damals über große Goldreserven verfügenden Überschußland USA und dem Defizitland Großbritannien dar[14]. In den Beratungen ließen die Engländer auf Druck der Amerikaner wichtige Grundsätze des Keynes-Plans fallen. Hierzu gehörten vor allem die Errichtung der Clearing-Union, die völlige Loslösung des internationalen Währungssystems vom Gold, die Einführung einer künstlichen gemeinsamen Reserveeinheit „Bancor" und der im englischen Plan vorgesehene Anpassungsdruck auch auf Überschußländer. Die Engländer setzten dagegen durch, daß die ursprünglich im amerikanischen Plan gegenüber Defizitländern vorgesehenen strengen Auflagen erheblich abgeschwächt wurden. Das Ergebnis der Beratungen von Bretton-Woods war die Schaffung eines Internationalen Währungsfonds, der weitgehend auf der Konzeption des White-Plans basierte, und die Schaffung der Internationalen Bank für Wiederaufbau und Entwicklung (Weltbank). Während der Währungsfonds über die Wechselkurspolitik wachen und kurz- bis mittelfristige Zahlungsbilanzkredite zur Verfügung stellen sollte, war die Weltbank zur Bereitstellung langfristiger Investitionsmittel zum Wiederaufbau zerstörter Volkswirtschaften und der wirtschaftlichen Entwicklung zurückgebliebener Länder vorgesehen.

---

[14] Zu einer detaillierten Darstellung der politischen Interessenlagen und Konflikte bei der Schaffung des Bretton-Woods-Systems vgl. Andersen, Uwe, Das internationale Währungssystem zwischen nationaler Souveränität und supranationaler Integration, Berlin 1977.

c) *Wechselkurssystem*

Als wichtigste Elemente des Bretton-Woods-Systems sind das Wechselkurssystem, die Anpassungsregeln, die Konvertibilitätsregeln, und das Reservesystem anzusehen[15].

Das Wechselkurssystem von Bretton-Woods war im Prinzip als System fester Wechselkurse konzipiert. Die Wechselkurse der Mitgliedsländer des Währungsfonds waren in einer festen Parität gegenüber dem Gold oder gegenüber goldkonvertiblen Dollars festgelegt. Der Wert des Goldes wurde auf $ 35 je Feinunze fixiert. Jedes Land hatte dafür zu sorgen, daß sich der Kurs seiner Währung innerhalb einer Bandbreite beiderseits der Parität von zunächst 1 % und später, ab Dezember 1971, von 2,25 % hält. Zur Kursstabilisierung mußte die jeweilige Zentralbank als zusätzlicher Anbieter oder Nachfrager auf den Devisenmärkten intervenieren. Hatte der sich am Markt bildende Wechselkurs die Tendenz, den oberen Interventionspunkt zu überschreiten, war die Zentralbank verpflichtet, die Überschußnachfrage nach Devisen durch ein entsprechendes Angebot, d. h. durch den Verkauf von Gold oder Devisen aus ihren Reservebeständen, abzufangen. Der Abwertungsdruck auf die inländische Währung wurde auf diese Weise abgemildert. Droht der Wechselkurs dagegen über den unteren Interventionspunkt hinauszuschießen, hat die Zentralbank den Angebotsüberschuß an Devisen durch eine entsprechende Nachfrage zu neutralisieren. In diesem Fall erwirbt sie Gold oder Devisen, die den Reservebeständen zugeführt werden. Dem Aufwertungsdruck auf die inländische Währung wird damit entgegengewirkt.

Die Interventionen an den Devisenmärkten erfolgten neben Gold hauptsächlich in Dollar. Aus diesem Grund wurde das Bretton-Woods-System auch als Gold-Dollar-Standard bezeichnet.

Die dem Bretton-Woods-System zugrunde liegenden Wechselkurse waren nicht für alle Zeit als feste Paritäten anzusehen. Bei grundlegenden Störungen des Zahlungsbilanzgleichgewichts konnten die Mitglieder dem Währungsfonds eine Änderung vorschlagen. Wich die neue Parität nicht mehr als 10 % von der ursprünglich fixierten Ausgangsparität ab, war der Fonds lediglich zu informieren. Alle darüber hinaus geplanten Abweichungen von der Ursprungsparität waren genehmigungspflichtig.

---

[15] Vgl. auch Aschinger, Franz E., Das Währungssystem des Westens, 2. Auflage, Frankfurt 1973, S. 81 ff.

d) Anpassungsmechanismus

Da Wechselkursänderungen im Bretton-Woods-System nur für die Ausnahmefälle von „fundamentalen“ Ungleichgewichten vorgesehen waren, war die Grundidee des Anpassungszwanges abgesteckt. Die Mitgliedsländer sollten Zahlungsbilanzschwierigkeiten durch innere Anpassungsmaßnahmen, d. h. in der Regel durch den Einsatz der Geld- und Fiskalpolitik, beseitigen. Kurz- und mittelfristige Kredite des Internationalen Währungsfonds hatten den Zweck, im Anpassungsprozeß auftretende Härten abzuschwächen. Lediglich, wenn sich in den Überschußländern die Gefahr einer Anpassungsinflation und in den Defizitländern die Möglichkeit einer Anpassungsdeflation mit einer entsprechenden Arbeitslosigkeit abzeichnete, sollten Wechselkursänderungen vorgenommen werden.

Indirekt wird in dem Bretton-Woods-System von der optimistischen Vorstellung ausgegangen, daß der Zahlungsbilanzausgleich für die meisten Länder in der Nachkriegszeit kein gravierendes Problem darstellen würde. Ein wirksamer Anpassungszwang war weder für Defizit- noch für die Überschußländer vorgesehen. Es gab keine automatischen Bindungen der inländischen Geldpolitik an die Zahlungsbilanzentwicklung und vor allem auch keine direkten Eingriffsmöglichkeiten des Währungsfonds in die nationale Wirtschaftspolitik. Bei Defizitländern konnte der Währungsfonds allerdings die Kreditvergabe, sobald sie einen bestimmten Umfang der zugeteilten Quote überschritt, an die Zusage wirtschaftspolitischer Maßnahmen zur Beseitigung des Defizits binden. Bei Überschußländern gab es für den Währungsfonds lediglich die Möglichkeit, im Rahmen der sogenannten Knappheitsklausel den Verkauf von Währungen an den Währungsfonds gegen Gold zu verlangen oder den freien Devisenverkehr in der knappen Währung zeitweilig einzuschränken.

Der gegenüber dem früheren Goldstandard erheblich verringerte Anpassungszwang war ein wesentliches Kennzeichen des Bretton-Woods-Systems. Im Goldstandard dominierte das Ziel einer ausgeglichenen Zahlungsbilanz und der Aufrechterhaltung der festen Goldparität alle anderen wirtschaftspolitischen Ziele. Länder, deren Parität am unteren Goldpunkt angelangt war, erlitten einen Goldabfluß und mußten damit eine automatisch einsetzende Deflationspolitik hinnehmen. Eine derartige Politik war wegen der Rigidität der Reallöhne oftmals mit einer beträchtlichen Arbeitslosigkeit verbunden. Vor allem aus diesem Grund, aber auch um die Veränderung der inländischen Geldmenge nicht völlig von der Zahlungsbilanzsituation abhängig sein zu lassen, wurde der Anpassungsmechanismus im Bretton-Woods-System weniger streng, d. h. diskretionär, gestaltet.

Das Bretton-Woods-System ging damit auch von einer anderen Rangfolge in den Zielsetzungen aus. Ausdehnung des Welthandels, ein hoher Beschäftigungsgrad und hohes Wachstum der Realeinkommen wurden zu vorrangigen Zielen erklärt. Darüber hinaus wurde die Stabilität der Wechselkurse als weiteres wichtiges Ziel genannt. Die Aufnahme des Wachstumsziels sollte allerdings keine grundlegende Vernachlässigung des Ziels des außenwirtschaftlichen Gleichgewichts bedeuten. Es war wohl kaum jemals umstritten, daß Länder, die das Ziel des außenwirtschaftlichen Gleichgewichts weitgehend vernachlässigten, binnenwirtschaftliche Anpassungsprozesse ergreifen müßten. Für Defizitländer bedeutete dies im Bretton-Woods-System entweder den Übergang zu einer restriktiven Geldpolitik, eine Stimulierung des Kapitalimports oder eine Währungsabwertung. Überschußländer hatten in diesem System zu wählen zwischen einer inflationären Anpassung, einer Beschränkung von Kapitalimporten oder einer Aufwertung.

e) Konvertibilitätsregeln

Neben Devisenkontrollen und Bilateralismus waren protektionistische Handelsmaßnahmen die Hauptursache für den drastischen Rückgang des Welthandels in den 30er Jahren und die mit ihm einhergehende Verringerung des Welteinkommens. Um den internationalen Handels- und Zahlungsverkehr von den Fesseln der Devisenbewirtschaftung und den bilateralen Tauschvereinbarungen zu befreien, wurde die Beseitigung handelshemmender Devisenrestriktionen und die Herbeiführung der allgemeinen Währungskonvertibilität zu einem Grundpfeiler des Bretton-Woods-Systems erhoben. So mußten sich die Mitglieder des Währungsfonds verpflichten, auf jegliche Restriktionen im internationalen Zahlungsverkehr zu verzichten, keine diskriminierenden Währungsmaßnahmen, wie z. B. Wechselkursdifferenzierungen, zu praktizieren und soweit wie möglich die Konvertibilität der Guthaben von Mitgliedsländern in der inländischen Währung entweder in die Währung des betreffenden Landes oder in Gold zu gewährleisten.

Das Ziel, inländische Währungen gegen andere Währungen einzutauschen, bestand allerdings lediglich gegenüber Ausländern (Ausländerkonvertibilität). Zum anderen war der Zwang zur Konvertibilität beschränkt auf Zahlungen, die aus laufenden Transaktionen, d. h. aus dem Waren- und Dienstleistungsverkehr, resultierten. Bei Transaktionen, die durch den Kapitalverkehr veranlaßt worden waren, bestand keine Konvertibilitätspflicht. Die Konvertibilitätspflicht bestand generell auch nicht für solche Länder, deren Wirtschafts- und Währungslage es nicht gestattete, einen jederzeitigen Währungstausch vorzunehmen. Es wurde allerdings erwartet, daß im Zeitablauf alle Länder wirtschaftlich so erstarken würden, daß nach einer Übergangszeit die Währungskonvertibilität als genereller Zustand eingeführt werden konnte.

Der wichtigste Schritt auf dem Weg zu einem weltweiten multilateralen Zahlungsverkehr wurde am 27. Dezember 1958 mit der Ankündigung von 14 europäischen Ländern vollzogen, ihre Währungen konvertibel zu machen. Der Grad der Konvertibilität war allerdings nicht überall der gleiche[16].

Einige Länder führten von vornherein die volle Konvertibilität für In- und Ausländer ein, während bei anderen zum Teil nicht unwesentliche Einschränkungen beibehalten wurden. Im Anschluß an die Einführung der Konvertibilität der Währungen gingen vor allem die Industriestaaten dazu über, den Kapitalverkehr untereinander zu liberalisieren. 1962 konnte von einem nahezu völlig freien Kapitalverkehr zwischen OECD-Ländern gesprochen werden.

Nach wie vor macht allerdings die Mehrzahl der Mitglieder des Internationalen Währungsfonds von der Möglichkeit Gebrauch, sich der Konvertibilitätspflicht zu entziehen. Vor allem sieht sich eine große Zahl von Entwicklungsländern immer noch nicht in die Lage versetzt, zu einer freien Austauschbarkeit der Währungen überzugehen. Die bedeutendsten der am Welthandel beteiligten Länder haben jedoch die Konvertibilität eingeführt, wenn auch bei einzelnen von ihnen von Zeit zu Zeit gewisse Einschränkungen vorgenommen werden[17].

f) Rolle der Währungsreserven

Das Währungssystem von Bretton-Woods, das auf prinzipiell festen Wechselkursen beruhte, war im besonderen Maße auf das Vorhandensein von internationaler Liquidität angewiesen. Internationale Liquidität wurde einerseits von den Zentralbanken zur Kursstabilisierung auf den Devisenmärkten und andererseits als Kreditmittel des Währungsfonds benötigt, um den Anpassungsprozeß bei Defizitländern zu erleichtern. Zwei Grundlagen internationaler Liquidität lassen sich im Bretton-Woods-System unterscheiden: eigene Reserven der Länder (Gold und Devisen) und Kreditfazilitäten des Internationalen Währungsfonds (Ziehungsrechte).

Das Gold spielte in der ursprünglichen Konzeption des Bretton-Woods-Systems eine maßgebliche Rolle. Es bildete die Bezugsgröße für die Bestimmung der einzelnen Paritäten. Zu dem festgelegten Preis von 35 Dollar je Feinunze verpflichtete sich die Regierung der Ver-

---

[16] Vgl. hierzu Veit, Otto, Grundriß der Währungspolitik, 2. Aufl., Frankfurt 1961, S. 782.

[17] Vgl. Aschinger, Franz E., Das Währungssystem des Westens, S. 78 ff.

einigten Staaten, jederzeit Dollar in Gold einzulösen. Mit einer derartigen Verpflichtung unterwarfen sich die Vereinigten Staaten als Leitwährungsland einer ähnlichen Zahlungsbilanzdisziplin, wie sie auch für die übrigen Mitgliedsstaaten des Systems galt. Damit schien eine beträchtliche Stabilität gesichert zu sein.

Jedes Mitgliedsland mußte 25 % seiner Quote beim Währungsfonds in Gold hinterlegen. Dieser konnte Gold auch gegen die Abgabe von Devisen ankaufen. Die Statuten des Währungsfonds enthielten jedoch keine Regelung über den Anteil des Goldes an den nationalen Währungsreserven. Es blieb daher den Präferenzen der jeweiligen Länder überlassen, über dessen Höhe zu entscheiden. Einzelne Länder, wie z. B. Frankreich, Spanien und Südafrika, hielten lange Zeit ihre Währungsreserven fast ausschließlich in Form von Gold[18]. Wegen ihrer Leitwährungsfunktion und Einlösungsgarantie bestanden die Währungsreserven der Vereinigten Staaten zwangsläufig ebenfalls fast ausschließlich aus Gold.

Den Devisen wurde in dem Bretton-Woods-System explizit keine statutorische Reservefunktion übertragen. Es wurde aber auch keine Einschränkung in der Verwendung von Devisen als Währungsreserven vorgesehen. Aufgrund der Goldeinlösungsgarantie der Vereinigten Staaten und wegen ihrer dominierenden Rolle in der Weltwirtschaft gelangte der Dollar allerdings rasch in die Position der wichtigsten Reservewährung. Darüber hinaus wurde der Dollar in großem Umfang als internationale Transaktions- und Interventionswährung verwendet. Daneben spielen das Pfund Sterling und die Deutsche Mark noch eine gewisse Rolle als Reservewährung.

Die Dollar-Reserven wurden vor allem in Form kurzfristiger und mittelfristiger amerikanischer Staatspapiere gehalten. Sie stellen unmittelbar Verbindlichkeiten der amerikanischen Regierung gegenüber den sie haltenden Zentralbanken dar. Das Entstehen derartiger Verbindlichkeiten ist somit an das Vorhandensein von Defiziten der amerikanischen Zahlungsbilanz gebunden. Die Versorgung der Weltwirtschaft mit Währungsreserven in Form von Dollar-Guthaben hing damit von den Zufälligkeiten der inländischen amerikanischen Wirtschaftspolitik ab. Für das Bretton-Woods-System ergaben sich hieraus erhebliche Probleme.

Eine hohe Attraktivität genossen die Dollar-Reserven lange Zeit aufgrund der allgemeinen Dollarknappheit und der Goldeinlösungsgarantie der Vereinigten Staaten. Die ausländischen Zentralbanken hatten hierdurch auf der einen Seite den Vorteil, aus der Reservehaltung ein

[18] Vgl. Aschinger, Franz E., Das Währungssystem des Westens, S. 110 ff.

Zinseinkommen zu erzielen, das sie bei Gold wegen dessen Unverzinslichkeit nicht erhielten. Auf der anderen Seite konnten sie im Bedarfsfall jederzeit die Dollar-Reserven wieder gegen Gold eintauschen.

Mit dem Währungsfonds war eine internationale Institution geschaffen worden, bei der die Mitgliedsstaaten Liquidität als Überbrückungsmittel in Anspruch nehmen konnten, bis eine angemessene innere Anpassungspolitik Ergebnisse erzielt hat. Das Kreditsystem war so aufgebaut, daß die jedem Land zugeteilte Quote über seine Ziehungsrechte bei dem Währungsfonds entscheidet. Mit den Ziehungsrechten wurde die Möglichkeit geschaffen, fremde Währungen zu beziehen und dafür eigene Währung hinzugeben. Benötigte ein Land aus Zahlungsbilanzgründen Devisen, so konnte es zunächst Währungshilfen in Höhe der Goldtranche, d. h. der 25 % seines in Gold eingezahlten Quotenanteils in Anspruch nehmen. Diese Inanspruchnahme stellte keinen Kredit dar, sondern nur den Gegenwert für die Goldsubskription. Ziehungen im Rahmen der Goldtranche konnten ohne jede Bedingung durchgeführt werden. Von Krediten konnte nur gesprochen werden, wenn die Devisenkredite bei dem Währungsfonds die Goldtranche überschritten. Als Obergrenze für die Ziehungsrechte waren 200 % der Quote vorgesehen. Die Inanspruchnahme der Ziehungsrechte über die Goldtranche hinaus wurde von wirtschaftspolitischen Auflagen abhängig gemacht. Je stärker das Ziehungspotential eines Landes ausgeschöpft wurde, um so strenger wurden die wirtschaftspolitischen Auflagen des Währungsfonds. Die Kredite waren nach bestimmten Fristen wieder in Gold oder konvertierbarer Währung zurückzuzahlen. Die bestehenden Kreditpositionen waren zu verzinsen.

3. Ökonomische Probleme des Bretton-Woods-Systems

a) Erfolge des Bretton-Woods-Systems

Das Bretton-Woods-System hat sich in der Nachkriegszeit lange als ein funktionsfähiges Währungssystem erwiesen. Unter diesem System hat eine Integration der internationalen Güter- und Kapitalmärkte stattgefunden, wie sie nie zuvor erreicht worden ist. Hohe Wachstumsraten des Welthandels haben dazu beigetragen, die Spezialisierungsvorteile der einzelnen Länder zum Tragen kommen zu lassen und weltweit einen effizienteren Einsatz der Produktionsfaktoren herbeizuführen. Weltgüterproduktion und das Welteinkommen sind in einem bisher nicht bekannten Ausmaß gestiegen. Diejenigen Entwicklungsländer, die sich für eine Entwicklungsstrategie der offenen Märkte und der Integration in die Weltwirtschaft entschieden haben, konnten beachtliche Wachstumserfolge erzielen.

All dies war nur möglich durch den Übergang zu einem multilateralen Güter- und Zahlungsverkehr, zu dem das Bretton-Woods-Abkommen in erheblichem Maße beigetragen hat. Allerdings läßt sich hieraus nicht die Behauptung ableiten, daß die günstige Entwicklung der Weltwirtschaft in der Nachkriegszeit allein auf die Einführung eines Systems fester Wechselkurse zurückgeführt werden könne. Es wäre ebenso gut möglich gewesen, mit einem System flexibler Wechselkurse einen ähnlichen Erfolg zu erzielen. Für das Wachstum des Welthandels und die internationale Verflechtung des Kapitalverkehrs dürfte die Entscheidung zugunsten eines bestimmten Wechselkursregimes weniger wichtig gewesen sein als der Übergang der bedeutendsten Welthandelsländer zur Währungskonvertibilität und die Abkehr vom Bilateralismus. Dazu gehört nicht zuletzt auch die währungspolitische Kooperation im Rahmen der Mitgliedschaft im Währungsfonds.

b) Anpassungsprobleme

Der Erfolg eines Währungssystems hängt vor allem davon ab, inwieweit es in der Lage ist, den internationalen Zahlungsbilanz-Anpassungsprozeß möglichst reibungslos abzuwickeln und die Weltwirtschaft mit internationaler Liquidität zu versorgen. Der Anpassungsprozeß betrifft die mit dem jeweiligen System verbundene Art der Reaktion der inländischen Wirtschaft auf veränderte Situationen am Weltmarkt. Anpassungsreaktionen sind erforderlich, wenn sich die ökonomischen Konstellationen zwischen dem Inland und dem Ausland verändern. In einem System flexibler Wechselkurse vollzieht sich der Anpassungsprozeß über eine Veränderung der Währungsparität mehr oder weniger automatisch. In einem System fester Wechselkurse muß er durch wirtschaftspolitische Maßnahmen herbeigeführt werden.

Es lassen sich langfristige und kurzfristige Ursachen von Zahlungsbilanz-Anpassungserfordernissen unterscheiden. Zu den langfristigen Ursachen zählen internationale Abweichungen in der Entwicklung der Arbeitsproduktivität und in der Erschließung neuer Rohstoffvorkommen ebenso wie Verschiebungen der Angebots- und Nachfragebedingungen auf dem Weltmarkt. Führen diese Ursachen zu einer grundlegenden Veränderung der Wirtschaftskraft eines Landes gegenüber anderen Ländern, muß dies auch in den Außenwirtschaftsbeziehungen zum Ausdruck kommen. Länder, deren Arbeitsproduktivität relativ stark steigt, oder Länder, die über große Lagerstätten von am Weltmarkt besonders nachgefragten Rohstoffen verfügen, werden bei flexiblen Wechselkursen einen Zustrom an Währungsreserven erfahren. Bei flexiblen Wechselkursen verbessert sich unmittelbar ihr internationales Austauschverhältnis und damit ihre Einkommensposition; bei festen Wechselkursen verbessert sich ihre Einkommensposition indirekt über den Ertrag aus den akkumulierten Währungsreserven. Im letzten Fall dürfte mit der Akkumulation von Währungsreserven allerdings ein inflationärer Anpassungsprozeß einhergehen. Wird dieser nicht gewünscht, ist eine Aufwertung der inländischen Währung erforderlich. Die Erfahrung lehrt, daß sich ein fester Wechselkurs bei Vorliegen fundamentaler Zahlungsbilanz-Ungleichgewichte langfristig nicht aufrechterhalten läßt.

Als wichtigste kurzfristige Ursache für Zahlungsbilanz-Anpassungsprobleme ist die international unterschiedliche Handhabung der Geld- und Fiskalpolitik zu nennen. So führt eine im Vergleich zu anderen Ländern zu expansive Geldpolitik in einem System flexibler Wechselkurse zu einer Abwertung der inländischen Währung. In einem System fester Wechselkurse kommt eine derartige Politik zunächst in einem Abfluß von Währungsreserven zum Ausdruck. Um den Abfluß von Währungsreserven zu stoppen und die Zahlungsbilanz wieder ins Gleichgewicht zu bringen, ist der Übergang zu einer restriktiven Geldpolitik erforderlich. Da ein derartiger Anpassungsprozeß fast immer mit Arbeitslosigkeit verbunden ist, scheuen die meisten Länder eine solche Politik. Häufig versuchen sie dann, dem Anpassungsdruck zumindest für eine Weile durch die Aufnahme von internationalen Krediten zu entgehen.

Auf Dauer kann der erforderliche reale Anpassungsprozeß hiermit allerdings nicht verhindert werden. Kein Währungssystem ist langfristig in der Lage, permanente außenwirtschaftliche Ungleichgewichte einzelner Länder zu verkraften. So führt die relative Stärkung der Wirtschaftskraft eines Landes unabhängig von dem Wechselkurssystem langfristig immer zu einer Verbesserung seiner Einkommens- nud Vermögensposition, während sich die relative Verschlechterung der Wirtschaftskraft eines Landes in einem Rückgang der diesbezüglichen Position niederschlagen muß.

Während der internationale Anpassungsprozeß in einem System flexibler Wechselkurse relativ problemlos funktioniert, gibt es in einem System fester Wechselkurse immer dann Schwierigkeiten, wenn einzelne Grundregeln nicht beachtet werden. Wenn ein System fester Wechselkurse erfolgreich sein soll, erfordert es die Verankerung folgender vier Grundregeln:

1. Vereinheitlichung wirtschaftspolitischer Zielsetzungen
2. Institutionalisierung eines Anpassungszwangs für Zahlungsbilanzdefizitländer

3. Institutionalisierung eines Anpassungszwangs für Zahlungsbilanzüberschußländer
4. Institutionalisierung eines Anpassungszwangs auch für Leitwährungsländer.

Werden die Mitgliedsländer eines Systems fester Wechselkurse nicht diesen Regeln unterworfen, vollzieht sich die Anpassung in wesentlich anderen Bahnen und mit wesentlich anderen Konsequenzen als es der Vorstellung der Initiatoren eines derartigen Systems entspricht. So kann z. B. die Vernachlässigung der Grundregel 1 dazu führen, daß einzelne Länder in eine starke Zahlungsbilanz-Defizitposition, andere in eine Zahlungsbilanz-Überschußposition geraten. Werden die Grundregeln 2 und 3 vernachlässigt, können sich erhebliche Verzerrungen der internen Wirtschaftsstrukturen der einzelnen Länder und ihres Außenhandels ergeben. Die Nichtbeachtung der Grundregel 4 schließlich kann dazu führen, daß die Leitwährungsländer die Zahlungsbilanz völlig vernachlässigen und mittels einer ständig exzessiven Geld- und Fiskalpolitik die Weltwirtschaft inflationieren[19].

Ein fundamentaler Konstruktionsfehler des Bretton-Woods-Systems war, daß es keine zwangsweise Abstimmung der Wirtschaftspolitik zumindest zwischen den wichtigsten Mitgliedsländern vorsah. Viele Länder versuchten, Vollbeschäftigung und Wachstum mit einer überzogen expansiven Geld- und Fiskalpolitik zu erreichen, ohne dabei Rücksicht auf die Entwicklung des Preisniveaus und der Zahlungsbilanz zu nehmen[20]. Diese Länder gerieten mehr und mehr in eine Zahlungsbilanz-Defizitsituation. Länder, die dem Ziel der Preisstabilität eine höhere Priorität einräumten, gerieten dagegen in eine Zahlungsbilanz-Überschußsituation. Schließlich standen sich Länder mit hohen Zahlungsbilanzüberschüssen und Länder mit hohen Zahlungsbilanzdefiziten gegenüber, ohne daß es zu einer Anpassung kam. Das Ziel des Zahlungsbilanzgleichgewichts wurde von den Defizitländern nur noch temporär beachtet, wenn diese internationale Kredite erhalten wollten. Kaum ein Land setzte seine Wirtschaftspolitik so ein, daß

[19] Die Analyse der Anpassungsvorgänge in einem System fester Wechselkurse ist vor allem das Anliegen der monetären Theorie der Zahlungsbilanz. Vgl. zu dieser Theorie die Beiträge in den Sammelbänden Fraenkel, Jacob A. und Johnson, Harry G. (Hg.), The Monetary Approach to the Belance-of-Payments, London 1976, dies., The Economy of Exchange Rates: Selected Studies, London 1978; Swoboda, Alexander K., Monetary Approaches to Balance-of-Payments Theory, in: Claassen, Emil M. and Salin, Pascal (Hg.), Recent Issues in International Monetary Economics, Amsterdam, New York, Oxford 1974, S. 3 - 23; Claassen, Emil M., Der monetäre Ansatz der Zahlungsbilanztheorie, in: Weltwirtschaftliches Archiv, Bd. 111 (1975), S. 1 - 23.

[20] Vgl. auch Murphy, Carter J., The International Monetary System, Washington 1979, S. 3.

Zahlungsbilanzdefizite und -überschüsse von vornherein vermieden wurden. Das Bretton-Woods-System führte immer mehr zu einer Vernachlässigung der Zahlungsbilanzdisziplin.

Ein weiterer Konstruktionsfehler des Bretton-Woods-Systems war, daß die Möglichkeit, auf Defizitländer einen Zwang zur Änderung ihrer Wirtschaftspolitik auszuüben, zu schwach ausgestaltet war, und daß auf Überschußländer überhaupt kein Anpassungszwang ausgeübt werden konnte. Die für Defizitländer vorgesehenen Anpassungsmaßnahmen waren oft ungenügend oder wurden viel zu spät eingesetzt. Wirtschaftspolitische Instrumente zur Verbesserung der Zahlungsbilanzsituation kamen immer erst dann zum Einsatz, wenn ein Land vom Internationalen Währungsfonds im Zusammenhang mit der Inanspruchnahme von Krediten in den höheren Kredittranchen hierzu gezwungen wurde. Eine grundlegende Kurskorrektur war aber auch trotz der Auflagen für viele Defizitländer nicht erforderlich, da sie sich auf der Basis der Kreditzusage des Währungsfonds weitere, bedingungsfreie Kredite auf den offenen internationalen Kapitalmärkten beschaffen konnten.

Von sich aus zeigten die Defizitländer jedenfalls wenig Bereitschaft, ihre Zahlungsbilanz ins Gleichgewicht zu bringen. Die hierzu erforderliche restriktive Geld- und Fiskalpolitik wurde vor allem von den Gewerkschaften bekämpft, da diese die Vollbeschäftigung gefährdet sahen. Abwertungen wurden von den Politikern entweder aus Prestigegründen oder wegen dem damit verbundenen Anstieg der Importpreise und der Inflationsrate hinausgezögert und selten rechtzeitig vorgenommen.

Auch bei den Überschußländern bestand wenig Bereitschaft, Zahlungsbilanzungleichgewichte rechtzeitig zu beseitigen. Anpassungsmaßnahmen in Form einer expansiven Geldpolitik wurden wegen der damit verbundenen inflationären Wirkungen meist von den Politikern in den stabilitätsbewußten Ländern abgelehnt. Gegen eine Aufwertung kämpften Industrie und Gewerkschaften gemeinsam, da wegen der hiermit verbundenen Verteuerung der Exporte eine Beeinträchtigung der internationalen Wettbewerbsfähigkeit und ein Verlust von Arbeitsplätzen befürchtet wurde.

c) Wirtschaftspolitik der Vereinigten Staaten

Die größten Schwierigkeiten und Probleme des Bretton-Woods-Systems aber resultierten aus der Tatsache, daß die Vereinigten Staaten als Leitwährungsland sich im Laufe der Zeit mehr und mehr den Zwängen zur Zahlungsbilanzanpassung, die sie durch die Umtauschgarantie des Dollars in Gold eingegangen waren, entledigten. So konnte die im Gefolge großer und nicht mehr in gleichem Maße wie bisher benötigter amerikanischer Zahlungsbilanzdefizite im Jahre 1960 eintretende Steigerung des Goldpreises über 35 Dollar hinaus nur dadurch rückgängig gemacht werden und ein drastischer Abfluß des amerikanischen Währungsgoldes verhindert werden, daß die großen Notenbanken im Jahre 1961 einen Goldpool bildeten[21]. Der Goldpool, der neben amerikanischem Währungsgold auch das Gold anderer Zentralbanken zur Marktstützung heranzog, wurde nach starken Abflüssen im Jahre 1968 aufgelöst. Gleichzeitig entschloß sich die amerikanische Regierung, Gold nicht mehr am privaten Goldmarkt abzugeben, sondern nur noch unter bestimmten Bedingungen an ausländische Zentralbanken. Damit war de facto ein Zwang zur Anpassung der Geld- und Fiskalpolitik an die Erfordernisse der Zahlungsbilanz für die Vereinigten Staaten entfallen. Die Bekanntmachung von Präsident Nixon vom 15. August 1971, die Goldkonvertibilität des Dollar völlig aufzuheben, bedeutete dann die offizielle Bekanntgabe der Abkehr von jeglicher Zahlungsbilanzdisziplin.

Von den amerikanischen Regierungen war bereits seit Anfang der 60er Jahre eine Wirtschaftspolitik betrieben worden, die die Erfordernisse der Zahlungsbilanz und die Pflichten eines Leitwährungslandes mißachtete. Seit dieser Zeit nahmen die amerikanischen Zahlungsbilanzdefizite im Trend zu, und die Staatsverschuldung gegenüber dem Ausland stieg ständig an. Ursache hierfür waren die riesigen Defizite des Staatshaushalts im Zusammenhang mit dem Vietnamkrieg und umfangreichen Projekten im sozialen Bereich. Die Vereinigten Staaten nutzten ihre Position als Hauptreserveland dahingehend aus, daß sie die Budgetdefizite nicht durch Steuererhöhung oder durch Verschuldung im Inland finanzierten, sondern durch eine kontinuierliche Erhöhung ihrer Zahlungsbilanzdefizite. Die nicht-amerikanischen Mitgliedsländer des Währungsfonds gelangten in den Besitz der amerikanischen Staatsschuldtitel, weil sie nach dem Bretton-Woods-Abkommen gehalten waren, den Dollar am unteren Interventionspunkt durch Abgabe eigener Währungen zu stützen. Hierdurch stieg nicht nur weltweit der Bestand an Währungsreserven in Form von Dollarguthaben stark an, sondern auch die Weltgeldmenge. Die hohen Wachstumsraten der Weltgeldmenge führten schließlich in den 70er Jahren zur weltweiten Inflation. Das Bretton-Woods-System wurde hiermit zu einem internationalen Inflationssystem denaturiert.

Seine inflationäre Grundtendenz erhielt das System aber nicht erst durch die systemwidrige Wirtschaftspolitik der Vereinigten Staaten. Die Tendenz zur Inflation war bereits von vornherein in das Bretton-

[21] Vgl. Aschinger, Franz E., Das Währungssystem des Westens, S. 124 ff.

Woods-System eingebaut worden. So bewirkte der Zustrom internationaler finanzieller Aktiva in den Überschußländern eine Vermehrung der inländischen Geldmenge, ohne daß der Abfluß finanzieller Aktiva in den Defizitländern zu einer monetären Restriktionspolitik führen mußte. Hierdurch unterschied sich das Bretton-Woods-System grundlegend vom Goldstandard.

Das Bretton-Woods-System war in seinen Grundelementen bereits auf eine relativ nachsichtige Behandlung der Defizitländer ausgerichtet. Es neigte damit von Anfang an zu einem übermäßigen Wachstum der Weltgeldmenge im Vergleich zur Weltgüterproduktion und erzeugte eine inhärente Tendenz zur Weltinflation. Der Inflation eher abgeneigte Länder konnten sich dem aus den Defizitländern entstehenden Inflationsdruck auf Dauer nicht entziehen. Sie importierten die Inflation sowohl über den direkten internationalen Preiszusammenhang als auch über die Geldmengeneffekte im Zusammenhang mit der Ausdehnung der internationalen Liquidität.

Inflationäre Impulse und starke Störungen des Anpassungsprozesses im Bretton-Woods-System gingen auch von dem großen Zuwachs an international mobilem kurzfristigem Kapital aus. So bewirkte jede monetäre Restriktionspolitik eines Landes, die die Netto-Zinsdifferenz zu seinen Gunsten in Form eines Zinsgefälles änderte, einen Zustrom an Kapital von den internationalen Finanzmärkten. Eine restriktive Politik wurde dadurch abgeschwächt oder gar völlig neutralisiert. Umgekehrt stellte sich bei Ländern, die eine expansive Geldpolitik praktizierten, aufgrund eines verschlechterten Netto-Zinsgefälles gegenüber dem Ausland ein Abfluß internationalen Kapitals ein.

Destabilisierend wirkten sich die kurzfristigen internationalen Kapitalbewegungen vor allem auch in Perioden erwarteter Wechselkursänderungen aus. Wirtschaftssubjekte, die die Zahlungsbilanzentwicklung der einzelnen Länder verfolgten, kauften häufig verstärkt Aktiva von Überschußländern, deren Währung aufwertungsverdächtig erschien, und sie stießen Aktiva von Defizitländern ab, mit deren Abwertung gerechnet wurde. Aufgrund derartiger Erwartungen kam es zu einem unerwünschten Druck auf die betreffenden Währungen und zu destabilisierenden Effekten. Seit Beginn der 60er Jahre wurde das Bretton-Woods-System im Zusammenhang mit sich verstärkenden Zahlungsbilanzungleichgewichten und daraus resultierenden Wechselkurserwartungen zunehmend mit dem Problem der Kontrolle spekulativer kurzfristiger Kapitalströme konfrontiert.

Insgesamt läßt sich feststellen, daß das Bretton-Woods-System das Problem der kooperativen Zahlungsbilanzanpassung von Defizit- und Überschußländern wegen der Nichtverankerung essentieller Grundregeln nicht bewältigen konnte. Von vornherein wurden die Regeln 1 und 3 nicht in das System aufgenommen bzw. nicht realisiert. Bei der Regel 2 ergab sich schließlich in der Praxis eine starke Abschwächung ihrer Wirksamkeit, während die Regel 4 allmählich völlig ausgehöhlt wurde.

d) Probleme der Reserveversorgung

Als Währungsreserven werden die Bestände der Zentralbanken an international liquidisierbaren Aktiva bezeichnet. Bis zur Einführung der Sonderziehungsrechte im Jahre 1970 zählten hierzu die sich im Besitz der Zentralbanken befindlichen Goldbestände, die Devisenguthaben und die Reserveposition beim Internationalen Währungsfonds. Die Nachfrage der Zentralbanken nach Währungsreserven wird weniger von der Entwicklung des Außenhandels bestimmt, als vielmehr vom Ausmaß erwarteter Zahlungsbilanzdefizite und notwendiger Marktinterventionen zur Stabilisierung der Wechselkurse[22]. Sie ist aber auch determiniert durch Portfolio-Überlegungen der Zentralbanken, bei denen der Ertrag der Reservehaltung verglichen wird mit den Kosten alternativer wirtschaftspolitischer Anpassungsmaßnahmen[23].

Bei der Versorgung der Weltwirtschaft mit Währungsreserven sind drei ökonomische Grundregeln zu beachten:

1. Die Ausdehnung des Angebots an Währungsreserven muß der Bedarfsentwicklung angepaßt werden;
2. Die Ausdehnung des Angebots an Währungsreserven sollte keinen erratischen Schwankungen unterliegen;
3. Die zur Reservehaltung dienenden Währungen müssen konvertibel und kursstabil sein.

Die erste Grundregel impliziert, daß der Bedarf an Währungsreserven überhaupt ermittelt werden kann. Für die Weltwirtschaft ist eine Schätzung der Entwicklung der Nachfrage nach Währungsreserven außerordentlich schwierig. Mangels anderer Indikatoren wird häufig davon ausgegangen, daß sich die Nachfrage in etwa proportional zum Wachstum des Welthandels entwickelt. Um die Nachfrage nach Währungsreserven zu befriedigen, ist aufgrund dieser Überlegungen eine

---

[22] Küng, Emil, Die Versorgung der Weltwirtschaft mit Währungsreserven, Walter Eucken-Institut, Vorträge und Aufsätze Nr. 48, Tübingen 1974, S. 32 - 44.

[23] Zu einem Überblick über derartige Ansätze zur Analyse der Nachfrage der Zentralbanken nach Währungsreserven vgl. Claassen, Emil-Maria, The Optimizing Approach to the Demand for International Reserves, in: Weltwirtschaftliches Archiv, Bd. 110 (1974), S. 353 - 398.

Expansion des Angebots im Ausmaß der Entwicklung des Welthandels erforderlich.

Tatsächlich wuchs der Bestand an Währungsreserven in den 50er und 60er Jahren aber weniger stark als das Welthandelsvolumen. Hieraus wurde häufig auf eine Knappheit an Währungsreserven geschlossen und die Forderung nach Schaffung neuer Reservemedien abgeleitet.

Das Bretton-Woods-System beinhaltete weder eine Ermittelbarkeit des Bedarfs an Währungsreserven noch die Möglichkeit, das Angebot entsprechend dem Bedarf zu steuern. Was die Goldkomponente anbetraf, hing der Reservezuwachs von der Entwicklung der Goldproduktion im Verhältnis zur Entwicklung der privaten Goldnachfrage ab. Bis Mitte der 60er Jahre erlaubte diese Entwicklung noch, daß die Zentralbanken ihre Goldreserven geringfügig aufstocken konnten. Danach setzte dann allerdings ein allmählicher Rückgang der Bestände an Währungsgold ein (vgl. Abb. 1). Die Spaltung zwischen dem Marktpreis für Gold und dem offiziellen Goldpreis bewirkte jedoch, daß der bei den Zentralbanken vorhandene Goldbestand weitgehend immobilisiert wurde. Das Gold hatte damit praktisch seine Funktion als Währungsreserve verloren, obwohl es zugleich im Portfolio der Zentralbanken bis 1970 immer noch das quantitativ bedeutendste Reservemedium darstellte.

Der ganz überwiegende Teil des Zuwachses an Währungsreserven in der Nachkriegszeit resultierte aus Devisen. Von 1948 - 1969 erhöhte sich der Bestand an Devisenreserven um 15 Mrd. Dollar, während der Bestand an Währungsgold um nur 6 Mrd. Dollar und die Reserveposition im Währungsfonds nur um 5,2 Mrd. Dollar zunahmen. Fast der gesamte Anstieg der Devisenreserven wiederum bestand aus Dollarguthaben. Der Reservezuwachs war damit an ein entsprechendes Defizit der amerikanischen Zahlungsbilanz gebunden. Die Versorgung der Weltwirtschaft mit Währungsreserven machte ein Zahlungsbilanzdefizit der USA geradezu erforderlich. Da die Zahlungsbilanzsituation eines Landes weitgehend von seiner internen Wirtschaftspolitik bestimmt wird, wurde aber die Versorgung der Weltwirtschaft mit Währungsreserven immer mehr von den Zufällen der amerikanischen Wirtschaftspolitik abhängig. War die amerikanische Geld- und Fiskalpolitik restriktiv ausgerichtet, ergab sich ein geringer oder kein Zuwachs an Devisenreserven; war sie expansiv ausgerichtet, erhöhte sich der Bestand an Devisenreserven bei den ausländischen Zentralbanken.

Aus dem relativ geringen Wachstum der internationalen Liquidität vor allem in den 50er Jahren ist häufig auf eine Unterversorgung geschlossen worden. Neben diesem grundlegenden Liquiditätsproblem ergab sich das Problem der Zufallsbedingtheit der Schaffung von Devi-

Abbildung 1

Entwicklung der Internationalen Währungsreserven 1950 - 1969

- In Mrd. SZR (Jahresendwerte) -

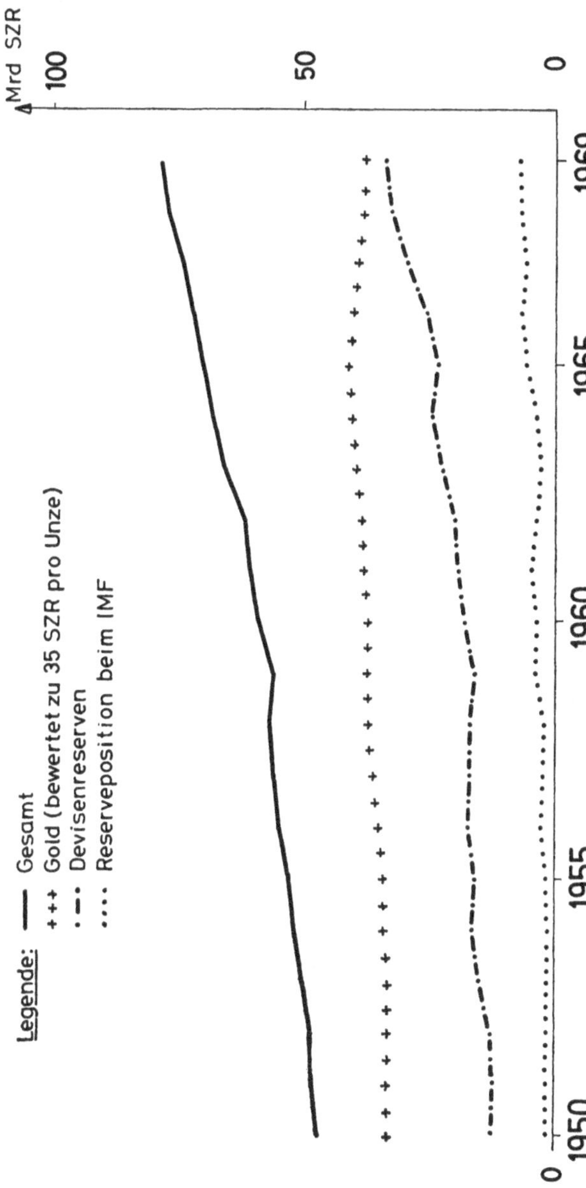

Quelle: IMF, International Financial Statistics.

senreserven. Wie aus Abb. 1 ersichtlich ist, gab es Jahre, in denen der Bestand an Devisenreserven völlig stagnierte oder sogar zurückging, während sich in anderen Jahren hohe Zuwächse feststellen ließen. Eine von erratischen Schwankungen freie Versorgung mit Währungsreserven ließ sich über die Devisenkomponente im Rahmen des Bretton-Woods-Systems nicht erreichen. Lediglich die Versorgung mit Reserven durch den Internationalen Währungsfonds folgte einem relativ stabilen Expansionspfad. Allerdings war die Ausdehnung dieser Reserven zu gering, um das Gesamtvolumen an Währungsreserven nachhaltig zu beeinflussen.

In einem System fester Wechselkurse läßt sich die Einhaltung der Paritäten am billigsten und einfachsten dadurch erreichen, daß von den Zentralbanken nur eine einzige Interventionswährung eingesetzt wird. Das Bretton-Woods-System war von seiner Konstruktion her so ausgerichtet, daß der Dollar zur wichtigsten Interventionswährung wurde. Für die Mitgliedsländer des Bretton-Woods-Systems war es somit notwendig, Dollarbestände für Interventionszwecke zur Verfügung zu haben. Verstärkt wurde der Anreiz, bei den Zentralbanken Dollarbestände zu halten, weiter dadurch, daß Dollarguthaben neben ihrer Goldkonvertibilität den Vorteil eines Zinsertrags hatten, und daß der Dollar wegen der weltwirtschaftlichen Stärke der Vereinigten Staaten die wichtigste internationale Transaktionswährung im Handels- und Kapitalverkehr darstellte. Die freie Konvertibilität in jede andere Währung trug darüber hinaus zur Attraktivität des Dollars bei.

Die Nachfrage der Währungsbehörden nach Dollarreserven war nicht zuletzt von der Erwartung eines stabilen Dollarwertes abhängig. Solange der Dollar wertstabil und in Gold konvertibel war, gab es für die meisten Länder keinen Grund, neben dem vorhandenen Goldbestand Währungsreserven in anderer Form als in Dollar zu halten. Die Wertstabilität des Dollars setzte allerdings voraus, daß die Vereinigten Staaten langfristig keine höhere Inflationsrate hatten als andere Länder und daß ihre Zahlungsbilanzsituation sich nicht derartig verschlechterte, daß das Vertrauen in den Wert des Dollars erschüttert wurde. Als wichtigstes Reservewährungsland und als stärkste Volkswirtschaft der Welt hatten die Vereinigten Staaten innerhalb des Bretton-Woods-Systems eine große Verantwortung übernommen. Das amerikanische Zentralbanksystem war im Bretton-Woods-System zu einer Quasi-Weltzentralbank geworden.

Allerdings haben die Vereinigten Staaten die ihnen im Bretton-Woods-System zugefallene Rolle im Laufe der Zeit immer großzügiger gehandhabt. Sie haben den großen Vorteil genutzt, den ein Leitwährungsland kurzfristig hat, nämlich die Entwicklung der Zahlungsbilanz bei seinen wirtschaftspolitischen Entscheidungen nicht unbedingt berücksichtigen zu müssen. Ein Leitwährungsland kann für eine gewisse Zeit Zahlungsbilanzdefizite durch die Abgabe von Staatsschuldtiteln an das Ausland finanzieren. Die amerikanischen Regierungen haben hiervon in der Nachkriegszeit in zunehmendem Maße Gebrauch gemacht. Von 1949 - 1969 beliefen sich die akkumulierten Zahlungsbilanzdefizite auf 37,4 Mrd. Dollar, von denen 13,7 Mrd. Dollar durch Goldabfluß, 12,8 Mrd. Dollar durch die Erhöhung der auf Dollar lautenden Devisenreserven anderer Länder und der Rest durch die Zunahme privater Dollarguthaben im Ausland sowie durch einen Rückgriff auf die amerikanische Reserveposition beim Währungsfonds gedeckt wurden[24].

Als Reaktion auf die übermäßig expansive Geldpolitik der Vereinigten Staaten und die damit verbundenen permanenten Zahlungsbilanzdefizite ergab sich nach der Einschränkung der Goldkonvertibilität ein so starker Druck auf den Dollar, daß sich eine Abwertung gegenüber den meisten anderen Währungen nicht mehr vermeiden ließ. Der Dollar hatte damit nicht nur einen Teil seiner Konvertibilität eingebüßt; noch mehr hatte er seine Bedeutung als kursstabile Währung verloren.

Die die Zahlungsbilanzsituation zunehmend vernachlässigende Geld- und Fiskalpolitik der Vereinigten Staaten hat Ende der 60er und Anfang der 70er Jahre zu mehreren Krisen des Bretton-Woods-Systems geführt, die stets mit einer Abwertung des Dollars einhergingen. Im März 1973 schließlich hörte das Bretton-Woods-System offiziell zu funktionieren und zu existieren auf.

Wie schon beim Anpassungsmechanismus so zeigt sich auch bei dem Reservesystem, daß fundamentale Spielregeln entweder nicht in das Bretton-Woods-System eingebaut worden waren oder später einfach nicht mehr beachtet wurden. Letztlich ist im Zeitablauf gegen alle drei oben genannten Spielregeln verstoßen worden.

4. Pläne zur Einführung von Sonderziehungsrechten

a) Liquiditätsstudien des Währungsfonds

Der Internationale Währungsfonds hat die Entwicklung der Weltliquidität bereits seit Beginn der 50er Jahre beobachtet und analysiert. Die erste Studie zum Problem der Versorgung der Weltwirtschaft mit internationaler Liquidität stammt aus dem Jahre 1953[25]. Sie wurde an-

[24] Vgl. Aschinger, Franz E., Das Währungssystem des Westens, S. 153 und S. 174.

geregt durch einen 1952 veröffentlichten Bericht des Economic and Social Council der Vereinten Nationen, in dem die Auffassung vertreten wurde, daß die vorhandenen Währungsreserven zur Versorgung der Weltwirtschaft mit Liquidität nicht ausreichend seien.

Die Studie des Währungsfonds kam zu dem Ergebnis, daß zwar einerseits die Mehrzahl der Länder, bezogen auf ihr Importvolumen, über relativ geringe Reserven verfügte, daß aber andererseits eine generelle Reserveverknappung nicht zu erkennen war. Bei einer entsprechenden Geld- und Fiskalpolitik würden die meisten Länder in der Lage sein, ihre Zahlungsbilanz über einen normalen Wirtschaftszyklus hinweg auszugleichen. Mittels einer vernünftigen Wirtschaftspolitik könnten die Länder in guten Zeiten so viele Reserven ansammeln, daß sie in schlechten Zeiten ihren Zahlungsbilanzverpflichtungen für die Bedienung der Auslandsverschuldung nachkommen und so viele Güter importieren können, daß die Bevölkerung nicht zu starken Einschränkungen unterworfen zu sein brauche. Langfristige Zahlungsbilanzprobleme ließen sich ohnehin nicht durch das Vorhandensein von Währungsreserven lösen.

In einer zweiten Studie des Internationalen Währungsfonds aus dem Jahre 1958[26] wird nicht nur die Verteilung der internationalen Liquidität detailliert untersucht, sondern es wird auch die Frage des zu erwartenden Angebots und der zu erwartenden Nachfrage nach Währungsreserven aufgegriffen. Der Währungsfonds stellte auch in dieser Studie wieder fest, daß die Entwicklung der internationalen Liquidität keinen Anlaß zur Sorge gäbe. Viele Länder hätten in den zurückliegenden Jahren ihre Reserveposition verbessern können. Vor allem die Industrieländer hätten ihre Position entweder gehalten oder ausgebaut. Lediglich bei den nichtindustrialisierten Ländern sei insgesamt ein Rückgang der Reserven zu beobachten gewesen. Dieser Rückgang sei aber unter dem Gesichtspunkt der Entwicklungsfinanzierung nicht ungewöhnlich. Nur in einigen Ländern, bei denen die Weltmarktpreise wichtiger Exportprodukte gefallen seien, habe es unerwartet hohe Reserveverluste gegeben.

Insgesamt wurde davon ausgegangen, daß das Angebot für die 60er Jahre ausreichend sei. Ein wichtiger Beitrag zur Liquiditätssicherung wurde in der Zunahme des Währungsgoldes gesehen, dessen jährlicher Zuwachs zum damaligen Preis auf 700 Mill. Dollar geschätzt wurde[27].

---

[25] IMF Staff Report, „The Adequacy of Monetary Reserves", in: IMF Staff Papers, Vol. III (1953/54), S. 181 - 227.

[26] IMF Staff Report, „International Reserves and Liquidity", Washington 1958.

[27] IMF Staff Report, „International Reserves and Liquidity", Washington 1958.

Neben dem Zuwachs an Währungsgold wurde ein weiterer Anstieg der internationalen Liquidität durch die Expansion von Reservewährungen erwartet. Beides zusammen würde ausreichen, um die Nachfrage nach internationaler Liquidität zu befriedigen, sofern die einzelnen Volkswirtschaften eine auf internes und externes Gleichgewicht gerichtete Politik betrieben, keine zusätzlichen Handelshemmnisse errichteten und gleichzeitig das internationale Kreditsystem weiter ausgebaut werden würde. Hierbei weist der Währungsfonds darauf hin, daß ein gegebenes Reservevolumen, das bei nur geringen Ungleichgewichten von Zahlungsbilanzen und Wechselkursen ausreichend ist, bei gravierenden Ungleichgewichten natürlich zu gering sein muß. In diesem Sinne kann die Angemessenheit von Währungsreserven nicht losgelöst von der jeweiligen weltwirtschaftlichen Situation gesehen werden.

b) Triffin-Plan

Die relativ unbesorgte Haltung des Währungsfonds gegenüber der Frage der Versorgung der Weltwirtschaft mit internationaler Liquidität wurde von Triffin einer detaillierten Kritik unterzogen. In seinem berühmt gewordenen Buch aus dem Jahre 1960[28] macht Triffin mit aller Deutlichkeit auf die Probleme aufmerksam, die sich aus dem Sachverhalt ergäben, daß der Bestand an Währungsgold weniger stark wächst als der Welthandel. Die damit entstehende Liquiditätslücke könne nur durch die Bereitstellung von Dollar-Reserven ausgeglichen werden. Die Bereitstellung von Dollar-Reserven macht aber ein Zahlungsbilanzdefizit der Vereinigten Staaten erforderlich. Ein andauerndes Zahlungsbilanzdefizit wiederum muß zu einem Vertrauensschwund gegenüber dem Dollar führen und die Überschußländer veranlassen, ihre Dollarbestände gegen Gold einzutauschen. Die Vereinigten Staaten würden dabei sehr schnell ihr gesamtes Währungsgold verlieren. Eine Krise des Bretton-Woods-Systems war damit vorprogrammiert.

Der Zusammenbruch des Bretton-Woods-Systems ließ sich nach Triffin auf keinen Fall vermeiden. Würden die Vereinigten Staaten nicht bereit sein, durch ständige Zahlungsbilanzdefizite die Versorgung der Weltwirtschaft mit internationaler Liquidität zu gewährleisten, breche das System mangels Liquidität zusammen. Würden sie dagegen der Nachfrage nach internationaler Liquidität durch die Bereitstellung von Dollar-Reserven genügen, breche das System ebenfalls zusammen, weil die Vereinigten Staaten nicht in der Lage sein würden, die Gold-Konvertibilität des Dollars aufrechtzuerhalten. Die fundamentale Schwäche des damaligen Währungssystems und die größte Gefahr für seine künftige Stabilität liegt nach Triffin in dem Tatbestand begründet, daß die

[28] Triffin, Robert, Gold and the Dollar Crisis, New Haven 1960.

Versorgung mit internationaler Liquidität auf der einen Seite bestimmt wird von einem ungenügenden Neuangebot an Gold und auf der anderen Seite von der zufallsbedingten Expansion der kurzfristigen internationalen Verschuldung der Leitwährungsländer, vor allem der Vereinigten Staaten[29].

Die Lösung des Problems sah Triffin in einer Aufhebung des Reservewährungssystems und der Einführung eines von dem Währungsfonds herausgegebenen internationalen Reservemediums. Der Bestand dieses Reservemediums sollte kontrolliert wachsen. Triffin schwebte zusammen mit dem Anstieg an Währungsgold eine Wachstumsrate von jährlich 3 - 5% vor. Die Kontrolle des Reservewachstums durch den Währungsfonds bedeutete, daß dieser zu einer Art Weltzentralbank aufgewertet worden wäre.

Der Übergang zu dem neuen internationalen Währungssystem sollte dadurch erfolgen, daß die Mitgliedsländer zunächst 20 % ihrer Gold- und Devisenreserven auf den Währungsfonds übertragen. Der Anteil sollte anschließend auf freiwilliger Basis erhöht werden. Es war vorgesehen, daß der Währungsfonds den Mitgliedsländern für ihre eingezahlten Währungsreserven ein kursgesichertes verzinsliches Guthaben in einer abstrakten Reserveeinheit einräumt. Die Guthaben sollten zum Zahlungsbilanzausgleich verwendet werden können. Für die Mitglieder war ein Annahmezwang vorgesehen. Außerdem schlug Triffin die Umwandlung kurzfristiger Dollar- und Sterling-Verbindlichkeiten in langfristige Schuldtitel der emittierenden Staaten vor[30]. Hier sind erste Ansätze zu dem später zu diskutierenden Substitutionskonto ersichtlich.

Der Triffin-Plan ähnelte in mehrfacher Hinsicht dem Keynes-Plan. Ähnlich wie Keynes mit dem „Bancor" sah auch Triffin die Einführung eines vom Währungsfonds emittierten Reservemediums vor. Ebenso wie Keynes schlug auch Triffin vor, den laufenden Zahlungsbilanzausgleich durch Umbuchungen auf bei dem Währungsfonds geführten Konten vorzunehmen. Auch sollte es möglich sein, Defizite in den Zahlungsbilanzen durch Kredite des Währungsfonds abzudecken. Die Zunahme des Kreditvolumens blieb hierbei allerdings durch die jährliche Liquiditätsausdehnung begrenzt. Der wohl wichtigste Unterschied zum Keynes-Plan bestand darin, daß keine Sanktionen gegenüber Zahlungsbilanz-Überschußländern vorgesehen waren. Ganz im Gegenteil: für Guthaben, die die obligatorisch beim Währungsfonds zu haltenden Reserven überstiegen, sollte ein Umtausch in Gold verlangt werden können.

---

[29] Triffin, Robert, Gold and the Dollar Crisis, S. 100.

[30] Triffin, Robert, Gold and the Dollar Crisis, S. 107 ff.

Die Analyse von Triffin stieß auf eine große Resonanz. Dies dürfte nicht zuletzt auf das seinerzeit verbreitet erwachende Problembewußtsein zurückzuführen gewesen sein. Dieses Bewußtsein wurde auf der einen Seite dadurch geschaffen, daß die Vereinigten Staaten allein von 1957 bis 1960 mehr als 5 Mrd. Dollar ihres Währungsgoldes verloren hatten. Ihre gesamten kurzfristigen Auslandsverbindlichkeiten überstiegen 1960 zum ersten Mal ihren Bestand an Währungsgold. Die Vereinigten Staaten waren damit schon 1960 im Grunde nicht mehr in der Lage, die Gold-Konvertibilität des Dollars zu gewährleisten. Auf der anderen Seite war deutlich geworden, daß die Expansion der Währungsreserven in den 50er Jahren so niedrig geblieben war, daß die These von einer generellen Knappheit an internationalen Reserveeinheiten breite Zustimmung fand. Die ausreichende Versorgung mit internationaler Liquidität wurde daher als dominantes aktuelles Problem des internationalen Währungssystems der 60er Jahre angesehen.

c) *Bernstein-Plan*

Die Situation des Bretton-Woods-Systems Ende der 50er und zu Beginn der 60er Jahre löste neben dem Triffin-Plan eine ganze Lawine weiterer Vorschläge zur Reform des internationalen Währungssystems aus[31].

Hierbei lassen sich fünf wichtige Richtungen unterscheiden:

1. Die Gruppe, die eine Abschaffung des Reservewährungssystems und eine zentralisierte Ausgabe von Währungsreserven durch einen zu einer Weltzentralbank ausgebauten Währungsfonds vorschlägt. Zu dieser Gruppe gehören J. M. Keynes und R. Triffin;
2. die Gruppe, die sich zwar ebenfalls für eine Abschaffung des Reservewährungssystems einsetzt, dies aber durch eine Anhebung des Goldpreises erreichen will. Dieser Gruppe sind R. F. Harrod und J. Rueff zuzuordnen;
3. die Gruppe, die die Zahl der Leitwährungen über den Dollar und den Sterling hinaus erweitern will. Zu dieser Gruppe zählen X. Zolotas, F. A. Lutz und L. A. Hahn;
4. die Gruppe, die das Bretton-Woods-System stets kritisiert und sich für einen Übergang zu einem System flexibler Wechselkurse einge-

[31] Zu einer übersichtsmäßigen Darstellung und kritischen Auseinandersetzung mit diesen Plänen vgl. Machlup, Fritz, „Plans for Reform of the International Monetary System", Special Papers in International Economics No. 3, Princeton 1964; Issing, Otmar, Leitwährung und internationale Währungsordnung, Berlin 1965; Zippel, Wulfdiether, Gegenstand und Analyse der Pläne zur Neugestaltung der internationalen Geldverfassung, Berlin 1978.

setzt hatte. Diese Gruppe umfaßt Namen wie M. Friedman, G. Haberler und H. G. Johnson;

5. ein Plan, der die Schaffung neuer internationaler Reserven zusätzlich zu den bestehenden Reserven vorsieht. Nach diesem Plan sollte das Bretton-Woods-System in seinen Grundzügen erhalten bleiben. Der Plan stammte von E. M. Bernstein.

Der Bernstein-Plan kam der späteren Schaffung von Sonderziehungsrechten am nächsten[32]. Der Plan implizierte die Erweiterung des Bretton-Woods-Systems um eine neue Reserveabteilung, wobei die Vereinigten Staaten Reservezentrum bleiben sollten und der Dollar nach wie vor eine wichtige Rolle als Reservewährung einnehmen sollte.

Ähnlich wie Triffin sah Bernstein jedoch die Gefahr für das System darin, daß sich die zunehmende Nachfrage nach Währungsreserven letztlich auf den Dollar konzentrieren würde und die Vereinigten Staaten wegen der Reserve-Nachfrage Zahlungsbilanzdefizite hinnehmen müßten. Die Zahlungsbilanzdefizite ihrerseits würden zu einem Druck auf den Dollar führen und entsprechende Abflüsse von Währungsgold nach sich ziehen. Bernstein ging im Jahre 1961 allerdings davon aus, daß die Goldbestände der Vereinigten Staaten noch so hoch seien, um einen Druck auf den Dollar für eine lange Zeit abwehren zu können.

Der Ende der 50er Jahre erfolgte Abzug von Währungsgold aus den Vereinigten Staaten war für Bernstein kein Anlaß zur Sorge. Wichtig war für ihn allein, daß das Zahlungsbilanzdefizit der Vereinigten Staaten nicht zu lange anhielt. Die wesentliche Voraussetzung hierfür war seiner Meinung nach ein adäquates Anwachsen der internationalen Liquidität außerhalb der Reservewährungen und des Währungsgoldes. Nach Bernsteins Auffassung würden weder die Reservewährungsländer noch die Länder mit Goldproduktion die weltweite Nachfrage nach Währungsreserven langfristig befriedigen können. Die beste Möglichkeit, den weltweiten Bedarf an Währungsreserven ohne gravierende Zahlungsbilanzprobleme für die Leitwährungsländer zu decken, sah Bernstein in der Schaffung zusätzlicher Reserven durch eine Gruppe von Mitgliedsländern des Internationalen Währungsfonds.

Bernstein schlug vor, neben den bestehenden Währungsreserven kollektive Reserveeinheiten (Collective Reserve Units, CRU) einzuführen. Diese Reserveeinheiten sollten von den zehn großen Industriestaaten geschaffen werden. Auch für die neuen Währungsreserven

---

[32] Bernstein, Edward M., „The Adequacy of United States Gold Reserves", in: American Economic Review, Papers and Proceedings, Vol. LI (1961), S. 439 - 446. Ders., „A Practical Programm for International Monetary Reserves", in: Quarterly Review and Investment Survey, New York 1963.

sollte eine Goldeinlösungspflicht bestehen. Die Verteilung sollte nach dem Quotenschlüssel des Währungsfonds erfolgen. Dabei hätten die CRU nach Bernsteins Vorschlag ohne wirtschaftspolitische Bedingungen zur Begleichung von Zahlungsbilanzdefiziten innerhalb der Gruppe der Teilnehmerstaaten verwendet werden können. Neben den CRU hätten nach diesem Plan weiterhin auch Goldreserven zum Zahlungsbilanzausgleich eingesetzt werden können. Den CRU wäre folglich der Charakter von Reserven sui generis zugekommen, die den Teilnehmerstaaten ohne reale Gegenleistung gutgeschrieben worden wären. Ihre Funktion als internationales Zahlungsmittel hätte auf der Annahmepflicht der Partnerländer beruht. Aufgrund der Überprüfung des allgemeinen Reservebedarfs hätte der CRU-Bestand periodisch erhöht werden können.

d) Vorschläge des Zehnerclubs

Die von einer Anzahl von Ökonomen zu Beginn der 60er Jahre vertretene These einer zu geringen internationalen Liquidität veranlaßte schließlich auch monetäre Instanzen, sich im Rahmen einer Experten-Studie mit dem Problem zu beschäftigen. Die Initiative hierzu ging im Jahre 1963 von den zehn an den „Allgemeinen Kreditvereinbarungen" mit dem Internationalen Währungsfonds beteiligten Ländern, dem sogenannten Zehnerclub, aus[33]. Die Finanzminister und Zentralbankpräsidenten dieser Länder folgten im Oktober 1963 dem Vorschlag ihrer Stellvertreter, eine „Sachverständigengruppe zum Studium der Schaffung von Währungsreserven" einzusetzen. Die Gruppe wurde aus Experten der zuständigen Ministerien und Zentralbanken sowie einiger internationaler Organisationen wie Währungsfonds, OECD und Bank für Internationalen Zahlungsausgleich gebildet. Vorsitzender dieser Gruppe wurde der Italiener R. Ossola.

Die Sachverständigengruppe erhielt den Auftrag, verschiedene Möglichkeiten zu untersuchen, durch die seitens des Währungsfonds oder auf andere Weise neue internationale Währungsreserven geschaffen werden könnten. Bei den Untersuchungen sollte grundsätzlich davon ausgegangen werden, daß die Grundstruktur des damals bestehenden Währungssytems, nämlich die festen Wechselkurse und der konstante Goldpreis auf Dollarbasis, im Prinzip zu erhalten sei. Dabei herrschte bei den Auftraggebern die Auffassung vor, daß die Bestände an Gold- und Devisenreserven keinesfalls unzureichend seien. Die Schaffung neuer Währungsreserven wurde daher nicht als dringliches Problem angesehen. Die in Auftrag gegebene Studie sollte vielmehr dazu dienen,

---

[33] Zum Zehnerclub gehören folgende Länder: Belgien, Deutschland, Frankreich, Großbritannien, Italien, Japan, Kanada, Niederlande, Schweden, Vereinigte Staaten.

für den Fall einer Liquiditätsenge schnell entsprechende Maßnahmen ergreifen zu können.

In der Studie, die 1964 vorgelegt wurde, wurden zwei grundsätzliche Varianten der Einführung „synthetischer“ Währungsreserven eingehend diskutiert: Die Schaffung von Währungsreserven durch eine Gruppe von Ländern und die Schaffung von Währungsreserven durch den Währungsfonds[34]. Die vorgeschlagenen neuen Währungsreserven unterscheiden sich von den bestehenden Währungsreserven dadurch, daß ihre Schaffung auf einer internationalen Konvention beruht, daß sie nur von Zentralbanken gehalten werden können und damit nicht zur Durchführung privater Zahlungen verwendbar sind, und daß sie auch nicht zur direkten Intervention auf den Devisenmärkten eingesetzt werden können.

Der Vorschlag zur Schaffung von Währungsreserven in Verantwortung einer Gruppe von Ländern ist eng angelehnt an den Bernstein-Plan zur Einführung der Collective Reserve Units (CRU). Der Vorschlag wurde von Frankreich unterbreitet. Im Gegensatz zum Bernstein-Plan sah der französische Plan jedoch einen anderen Verteilungsschlüssel vor. Die Zuteilung sollte nach der Höhe der Goldbestände der Teilnehmerstaaten und nicht nach deren Quoten im Währungsfonds erfolgen.

Im Zusammenhang mit der anderen Variante, nämlich der Reserveschaffung durch den Internationalen Währungsfonds, sind insgesamt vier verschiedene Ausgestaltungsmöglichkeiten vorgestellt worden. Im einzelnen wurden diskutiert: Normale Ziehungen innerhalb der Kredittranchen, Ausweitung der automatischen Ziehungsrechte im Fonds, Ausweitung der Goldtranchen-Ziehungsrechte durch Quotenerhöhung ohne Goldeinzahlung und schließlich Sonderoperationen des Fonds.

Zur Erklärung der mit der Einführung synthetischer Reserven verbundenen Detailfragen wurde im Sommer 1964 von der Zehnergruppe eine Expertenkommission, der sogenannte Ossola-Ausschuß, eingesetzt. Dem Ausschuß gelang es, die technischen Aspekte der verschiedenen Alternativen zur Schaffung solcher Reserven sorgfältig aufzuzeigen. Auf einen Vorschlag zugunsten einer bestimmten Reserveart konnte sich der Ausschuß allerdings nicht einigen. Grundlegende Meinungsverschiedenheiten bestanden vor allem zwischen Frankreich und den Vereinigten Staaten. Zwischen diesen beiden Ländern waren nahezu alle Detailfragen kontrovers. Man konnte sich nicht einigen über so wichtige Fragen wie das Wertverhältnis des neuen Reservemediums zum Gold, die Voraussetzungen für die Mitgliedschaft in dem neuen

---

[34] Vgl. Gruppe der Zehn, Bericht der Sachverständigengruppe zum Studium der Schaffung von Währungsreserven, deutsche Übersetzung, Frankfurt 1965, S. 17 ff.

Reservesystem, seine Verbindung zum Währungsfonds, den Entscheidungsmechanismus für die Reserveaufstockung und schließlich über die Frage, ob das neue Reservemedium den Dollar lediglich ergänzen oder vielmehr substituieren sollte.

e) Aktivitäten des Internationalen Währungsfonds

Im Sommer 1965 begann schließlich der neue amerikanische Finanzminister Fowler darauf zu drängen, die Untersuchungen über das internationale Liquiditätsproblem in das Verhandlungsstadium überzuleiten. Fowler hielt es angesichts der damals erkennbaren Verbesserung der amerikanischen Zahlungsbilanz für notwendig, ein neues Reservemedium zu schaffen, das denjenigen Zuwachs an internationaler Liquidität gewährleisten konnte, der bisher aus dem größeren Zahlungsbilanzdefizit der Vereinigten Staaten abgedeckt worden war. Deshalb erhielt der Stellvertreter-Ausschuß des Zehnerclubs im Herbst 1965 den Auftrag, innerhalb kurzer Zeit konkrete Verhandlungen einzuleiten, um festzustellen, welche Grundlagen sich für eine Einigung finden ließen. Der Ausschuß konnte jedoch in seinem Bericht vom Juli 1966[35] noch keine greifbaren Einigungsvorschläge formulieren. Die Einigung gelang vor allem deshalb nicht, weil Frankreich sich inzwischen vom Projekt der CRU abgewandt hatte und es außerdem ablehnte, mit in konkrete Verhandlungen einzutreten.

Gegen die Stimme Frankreichs wurde schließlich auf der Minister-Konferenz des Zehnerclubs in Den Haag Ende Juli 1966 den Stellvertretern der Auftrag erteilt, die Gespräche über das Liquiditätsproblem auf eine breitere Basis zu stellen und mit den Exekutiv-Direktoren des Internationalen Währungsfonds eine Runde gemeinsamer Sitzungen durchzuführen. Dies war insofern naheliegend, als sich der Währungsfonds ab 1963 ebenfalls intensiver mit den Fragen der Schaffung eines neuen Reservemediums beschäftigt hatte[36]. Kontakte zwischen dem Zehnerclub und dem Internationalen Währungsfonds im Zusammenhang mit dieser Fragestellung hatte es zuvor bereits insoweit gegeben, als Vertreter des Währungsfonds an den Beratungen der Expertengruppe des Zehnerclubs teilgenommen hatten und daß der Fonds Mitarbeiter zur Verfügung gestellt hatte.

1966 legte der Währungsfonds dem Zehnerclub zwei Vorschlagsvarianten vor, von denen der erste die Ausweitung des quasi-automatischen Goldtranchen-Systems darstellte, während der zweite auf der

---

[35] Group of Ten, Communiqué of Ministers and Governors and Report of Deputies, The Hague 1966.

[36] Vgl. hierzu die Ausführungen in den Jahresberichten des Internationalen Währungsfonds von 1963 bis 1969.

Ausgabe von Reserveeinheiten im Rahmen des Währungsfonds basierte. Der Fonds vertrat dabei im Gegensatz zum Zehnerclub die Ansicht, daß ein neues Reservemedium alle Mitglieder angehe und nicht nur die zehn, die sich intensiv um die Schaffung einer neuen Reserveeinheit bemüht hatten. In mehreren gemeinsamen Sitzungen in den Jahren 1966 und 1967 konnte schließlich Einigung darüber erzielt werden, daß ein neues Reservesystem in die Aktivitäten des Internationalen Währungsfonds einbezogen werden sollte.

Der mit Frankreich ausgehandelte Kompromiß führte schließlich im September 1967 zu einer mit dem Zehnerclub abgestimmten Studie der Exekutiv-Direktoren des Währungsfonds, die den Titel „Outline of a Facility based on Special Drawing Rights in the Fund" hatte[37].

Die Studie fand auf der Jahrestagung 1967 in Rio de Janeiro die Zustimmung des Gouverneursrats des Währungsfonds. Gleichzeitig wurde eine Resolution verabschiedet, in der das Exekutiv-Direktorium aufgefordert wurde, die Vorarbeiten für die Einführung der neuen Fazilität auf der Grundlage dieser Studie aufzunehmen.

Bereits im April 1968 konnte das Exekutiv-Direktorium des Währungsfonds dem Gouverneursrat den Entwurf einer geänderten Satzung vorlegen, wie sie für die Einführung der neuen Fazilität erforderlich war. Im Mai 1968 wurde der Entwurf vom Gouverneursrat angenommen. Die geänderte Satzung trat schließlich am 28. Juli 1969 in Kraft, nachdem die notwendige Mehrheit von 60 % der Mitglieder, die über 80 % der Stimmrechte im Währungsfonds verfügten, erreicht war. Dies waren 67 von den damals 111 Mitgliedsländern.

5. Einführung der Sonderziehungsrechte

a) Unterschiedliche Interessen der beteiligten Länder

Die 1969 mit der ersten Satzungsänderung des Internationalen Währungsfonds ins Leben gerufenen Sonderziehungsrechte waren das Ergebnis eines langwierigen Diskussions- und Verhandlungsprozesses und eines Kompromisses zwischen einer großen Zahl unterschiedlicher Interessen und häufig ökonomisch inkonsistenter Vorschläge einzelner Länder. Die Mehrzahl der Teilnehmerländer dürfte von der Zielsetzung ausgegangen sein, die Mängel des Bretton-Woods-Systems zu beheben. Diese Mängel wurden vor allem in der Abhängigkeit der internationalen Liquiditätsversorgung von der Zahlungsbilanzsituation der Vereinigten Staaten, d. h. von der unter internen Gesichtspunkten betrie-

[37] Vgl. hierzu und zum folgenden: Gold, Joseph, Special Drawing Rights: Character and Use, IMF Pamphlet Series No. 13, Washington 1970, S. 10 f.

benen amerikanischen Geld- und Fiskalpolitik gesehen. Immer wieder tauchte hierbei die Furcht vor einer im Verhältnis zur Expansion des Welthandels zu geringen Versorgung mit Währungsreserven bzw. internationaler Liquidität und damit die Furcht vor einer weltweiten Rezession auf. Von der Einführung der Sonderziehungsrechte wurde eine kontinuierliche Verbesserung der Versorgung mit internationaler Liquidität durch ein international gemischtes Gremium erwartet. Ein weiteres Ziel in dem Zusammenhang war es, eine Zunahme des Dollar-Anteils an den Währungsreserven zu verhindern, um so dem mit der Ausweitung des Dollar-Angebots zwangsläufig entstehenden Druck auf den Wechselkurs entgegenzuwirken. Der im Bretton-Woods-System angelegte Zwang zur effektiven Abwertung des amerikanischen Dollars sollte mittels einer Ergänzung der bisherigen Währungsreserven durch Sonderziehungsrechte aufgehoben werden.

Für andere Länder dürfte die Einschränkung der mit dem Bretton-Woods-System verbundenen Möglichkeit zur Inflationierung der Weltwirtschaft durch das Leitwährungsland ein wichtiger Grund für die Zustimmung zur Einführung der Sonderziehungsrechte gewesen sein. Derartige Länder waren sich des politischen Widerstands bewußt, der sich stets gegen eine Aufwertung der eigenen Währung gegenüber dem Dollar erhob, wenn das betreffende Land eine weniger expansive Geld- und Fiskalpolitik betrieb als die Vereinigten Staaten. Im Bretton-Woods-System waren sie stets gezwungen, die Anpassung über eine Inflationierung ihrer eigenen Wirtschaft hinzunehmen. Eine vom Leitwährungsland unabhängige Geld- und Fiskalpolitik konnten sie langfristig nur sehr begrenzt betreiben. Diese Länder versprachen sich von der Einführung der Sonderziehungsrechte eine bessere Kontrolle der internationalen Liquidität und damit eine Verringerung ihrer eigenen Inflationsrate und der Weltinflationsrate.

Manche der hierher gehörigen Länder mögen auch davon ausgegangen sein, daß mit der Einführung der Sonderziehungsrechte eine Rückkehr zu einem Währungssystem erfolgen würde, das ähnlich wie der Goldstandard — zumindest rudimentär — objektive Zwänge zur Zahlungsbilanzanpassung enthält. Eine hohe Zustimmungsquote sollte aus der Sicht dieser Länder eine Beschränkung der Neuzuteilung bewirken, wie sie beim Gold durch die Produktionsbedingungen auf natürliche Weise vorgegeben war. Die Wiederherstellung eines bestimmten langfristig durchschnittlichen Kontostandes nach Inanspruchnahme von Sonderziehungsrechten sollte gewährleisten, daß die Sonderziehungsrechte nur zur kurzfristigen Überbrückung von Zahlungsbilanzdefiziten und nicht zur langfristigen Finanzierung einer verfehlten Wirtschaftspolitik eingesetzt werden würden.

Wieder andere Länder — vorzugsweise Entwicklungsländer — dürften in der Schaffung der Sonderziehungsrechte eine Möglichkeit gesehen haben, ihre Zahlungsbilanzprobleme auf relativ einfache Weise zu lösen. Mit der freien Zuteilung von Reserven aus der neuen Fazilität ließen sich aus ihrer Sicht entweder bestehende Auslandsschulden abbauen oder neue Zahlungsbilanzdefizite finanzieren. Für diese Länder bedeutete die Einführung der Sonderziehungsrechte einen willkommenen Anlaß, erforderliche geld- und fiskalpolitische Maßnahmen zur Verminderung der inländischen Inflation zu vermeiden oder hinausschieben zu können.

Ziel der Gruppe der Entwicklungsländer innerhalb der Mitgliedsländer des Internationalen Währungsfonds war es vor allem, nicht nur ihre Zahlungsbilanzprobleme durch die Einführung der Sonderziehungsrechte zeitweilig zu lösen, sondern die Sonderziehungsrechte u. a. mit zum Finanzierungsinstrument ihrer Entwicklungspolitik zu machen. Die Forderung nach einer Verbindung zwischen der Schaffung und Zuteilung von Sonderziehungsrechten und Entwicklungshilfe, auch als „Link" bezeichnet, wurde in zwei Varianten vorgetragen: Die Entwicklungsländer beanspruchten entweder Extra-Zuteilungen an Sonderziehungsrechten oder sie verlangten, daß die Industrieländer einen Teil ihrer Zuteilungen an Sonderziehungsrechten an multilaterale Entwicklungsinstitutionen abtreten sollten.

Von seiten des Internationalen Währungsfonds wurden im Zusammenhang mit der Einführung der Sonderziehungsrechte folgende Ziele genannt[38]:

- Ausdehnung des internationalen Handels und des Wirtschaftswachstums;
- Verbesserung des internationalen Zahlungsverkehrs;
- Verbesserung der Wechselkursstabilität und der Wechselkursanpassung;
- Verminderung von Zahlungsbilanzungleichgewichten bei gleichzeitiger Vermeidung von sonstigen Maßnahmen, die den nationalen oder internationalen Wohlstand gefährden;
- Vermeidung von Stagnation, Deflation und Inflation in der Weltwirtschaft.

Diese Ziele sind so allgemein gehalten, daß sich jedes Mitgliedsland damit identifizieren kann. Es fällt auf, daß der von den Entwicklungsländern geforderte Einsatz der Sonderziehungsrechte als Entwicklungshilfe nicht als ein Ziel genannt wurde. Die Erwähnung dieses Ziels

[38] Vgl. Polak, Jacques J., Some Reflections on the Nature of Special Drawing Rights, IMF Pamphlet Series No. 16, Washington 1971, S. 1.

hätte zweifellos auch weitgehende Konsequenzen für die Stellung des Währungsfonds zur Folge gehabt. Von einer Institution zur Finanzierung kurzfristiger Zahlungsbilanzkredite wäre er damit mehr und mehr zu einer die Weltinflation begünstigenden Institution der langfristigen Entwicklungsfinanzierung durch reine Geldschöpfung geworden. Damit hätte der Währungsfonds seine ursprüngliche Zielsetzung weitgehend verloren und wäre mehr und mehr in den Aufgabenbereich der Weltbank eingebrochen.

b) Charakteristika

Die 1969 von Gremien des Internationalen Währungsfonds aus der Taufe gehobenen Sonderziehungsrechte stellen ein völliges Novum in der internationalen Währungsgeschichte dar. Aus diesem Grund ist ihre funktionale und historische Einordnung in die internationale Währungspolitik schwierig. Über die effektive Rolle der Sonderziehungsrechte im internationalen Währungssystem gibt es bisher in der wissenschaftlichen Literatur keine einheitliche Auffassung. Aschinger z. B. betont den Geldcharakter der Sonderziehungsrechte[39]. Nach seiner Auffassung haben Sonderziehungsrechte im Vergleich zu den traditionellen Ziehungsrechten einen ausgeprägten Geldcharakter, tragen also nur zu einem kleinen Teil den Charakter von Kredittiteln. Kindleberger dagegen spricht den Sonderziehungsrechten jeglichen Geldcharakter ab[40]. Nach seiner Auffassung sind die Sonderziehungsrechte weder nationales noch internationales Geld, sondern lediglich eine Art Kredittranche.

Ähnlich argumentiert auch Chrystal[41]. Er sieht in den Sonderziehungsrechten das Recht verbürgt, von anderen Zentralbanken konvertible Währungen zu einem festgelegten Zinssatz zu ziehen. Sonderziehungsrechte sind für ihn ein mehr oder weniger genutzter Überziehungskredit. Polak sieht in der Zuordnung der Sonderziehungsrechte vor allem ein semantisches Problem[42]. Er meint jedoch, daß Sonderziehungsrechte von ihren Funktionen her nicht in erster Linie Geld, sondern Währungsreserven darstellen. Gold schließlich behauptet, daß Sonderziehungsrechte weder als Geld noch als Kredit zu bezeichnen

---

[39] Vgl. Aschinger, Franz E., Das Währungssystem des Westens, S. 258 f.

[40] Vgl. Kindleberger, Charles P., The SDR as International Money, in: Coulbois, Paul (Hg.), Essais en L'Honneur de Jean Marchal, La Monnaie, Paris 1975, S. 312.

[41] Vgl. Chrystal, K. Alec, International Money and the Future of the SDR, Essays in International Finance, No. 128, Princeton, N. J., 1978, S. 20.

[42] Vgl. Polak, Jacques J., Some Reflections on the Nature of Special Drawing Rights, S. 6.

sind[43]. Vielmehr stellen sie in seiner Sicht ein Finanzierungsmittel sui generis dar.

Als wichtigste ökonomische Merkmale der so unterschiedlich beurteilten Sonderziehungsrechte sind zu nennen:

1. Sonderziehungsrechte werden aufgrund eines Mehrheitsbeschlusses des Exekutiv-Direktoriums des Internationalen Währungsfonds geschaffen.
2. Sonderziehungsrechte haben die Qualität einer Währungsreserve und werden in den Bilanzen der Zentralbanken unter den Währungsreserven ausgewiesen.
3. Sonderziehungsrechte verleihen ihrem Inhaber das Recht, gegen ihre Hingabe Devisen zu erwerben und damit Zahlungsbilanzdefizite auszugleichen oder allgemein ausländische Zahlungsverpflichtungen abzugelten.
4. Sonderziehungsrechte sind mit einem Annahmezwang ausgestattet, der allerdings im Umfang beschränkt ist und nur nach vorheriger Designierung durch den Währungsfonds zur Anwendung kommt.
5. Sonderziehungsrechte sind nach ihrer Verwendung innerhalb von festgesetzten Laufzeiten in bestimmtem Umfang gegen konvertible Währung zurückzukaufen.
6. Netto-Sonderziehungsrecht-Schuldner zahlen an die Netto-Sonderziehungsrecht-Gläubiger für die in Anspruch genommenen Kredite Zinsen.

Die mit diesen Charakteristika ausgestatteten Sonderziehungsrechte sind von seiten des Internationalen Währungsfonds vor allem als zusätzliche Währungsreserve konzipiert worden. Von den übrigen Währungsreserven unterscheiden sie sich jedoch zum Teil nicht unbeträchtlich.

c) Erste Zuteilungen

Im Herbst 1969 wurde beschlossen, für die Jahre 1970 bis 1972 eine erste Zuteilung an Sonderziehungsrechten in Höhe von 9,5 Mrd. Dollar vorzunehmen. Hiervon sollten 3,5 Mrd. Dollar auf das erste Jahr und je 3 Mrd. Dollar auf die beiden folgenden Jahre entfallen. Dieser Betrag übertraf bei weitem den Rahmen, der im Jahre 1967 bei der Grundsatzentscheidung über die Einführung der Sonderziehungsrechte von den Mitgliedern des Zehnerclubs als Obergrenze genannt worden war. Er basierte auf Berechnungen von Trendwerten über das Verhältnis von Reservezuwachs und Importen bzw. des Zuwachses der welt-

---

[43] Gold, Joseph, Special Drawing Rights: Character and Use, S. 28.

Tabelle 1

Zuteilung von Sonderziehungsrechten in der ersten Basisperiode 1970 - 1972

Land	Zuteilung in Mrd. SZR	Prozentanteil an Gesamtzuteilung
Vereinigte Staaten	2 294,0	24,6
Großbritannien	1 006,3	10,8
Bundesrepublik Deutschland	542,4	5,8
Frankreich	485,0	5,2
Japan	377,4	4,1
Kanada	358,6	3,8
Indien	326,2	3,5
Italien	318,0	3,4
Niederlande	236,5	2,5
Australien	225,6	2,4
Belgien	209,3	2,2
Argentinien	152,5	1,6
Brasilien	152,5	1,6
Spanien	126,1	1,4
Mexiko	124,2	1,3
Venezuela	112,3	1,2
Schweden	107,0	1,1
Indonesien	90,2	1,0
Südafrika	88,9	0,9
Pakistan	81,6	0,9
Österreich	76,7	0,8
Norwegen	76,3	0,8
Neuseeland	69,4	0,7
Jugoslawien	69,3	0,7
Ägypten	65,2	0,7
Übrige Länder	1 543,3	16,6
Gesamtzuteilung	9 314,8	100

Quelle: **IMF, International Financial Statistics, 1972.**

weiten Zahlungsbilanzungleichgewichte. Von diesen Trendwerten wurde der ebenfalls aus der Vergangenheitsentwicklung abgeleitete erwartete Zuwachs an Währungsreserven in Form von Gold, Ziehungsrechten und Dollarreserven abgezogen und damit der „Bedarf“ in der genannten Größenordnung ermittelt.

An der Sonderziehungsrechts-Abteilung und damit an der ersten Zuteilung nahmen 1970: 104 der damals 114 Mitglieder, 1971: 113 der 120 Mitglieder und 1972: 116 der 125 Mitglieder des Währungsfonds teil. Zugeteilt wurde wegen der Nichtteilnahme einiger Mitglieder für die erste dreijährige Basisperiode ein Betrag von 9,3 Mrd. Dollar. Die Zuteilung belief sich damals auf 5,8 % des gesamten Endes 1972 ausgewiesenen Bestandes an Währungsreserven.

Die Zuteilung erfolgte nach dem bestehenden Quotenschlüssel des Währungsfonds. Größenmäßig geordnet ergab sich für die einzelnen Länder für die erste dreijährige Basisperiode die in Tabelle 1 dargestellte Gesamtzuteilung an Sonderziehungsrechten.

Der Sonderziehungsrechts-Abteilung nicht beigetreten waren bis 1972 folgende Mitgliedsländer des Währungsfonds: Äthiopien, Kuwait, Libanon, Libyen, Portugal, Quatar, Saudi-Arabien, Singapur und die Vereinigten Arabischen Emirate.

Die Pflicht zur Annahme von Sonderziehungsrechten durch die Zentralbanken der Teilnehmerstaaten bildet einen Hauptpfeiler des Systems. Neben diesem Zwang sollte jedoch auch ein ökonomischer Anreiz für die Verwendung von Sonderziehungsrechten gegeben sein. Zur Erhöhung ihrer Attraktivität gegenüber den übrigen Reservemedien wurden sie daher anfänglich noch mit einer Goldwertgarantie ausgestattet. Ferner wurde eine Verzinsung eingeführt.

1969 wurde für ein Sonderziehungsrecht ein Goldgewicht von 0,888671 Gramm Feingold festgelegt. Diese Parität entsprach der des Dollars vom Juli 1944. Dadurch, daß dieser einmal festgelegte Goldwert der Sonderziehungsrechte als unveränderlich bestimmt wurde, bot er den Besitzern in damaliger Sicht eine absolute Goldwertgarantie.

Die starken Schwankungen des Goldpreises zu Beginn der 70er Jahre und der zunehmende Unterschied zwischen dem Preis des Goldes am freien Markt und dem zwischen den Zentralbanken vereinbarten Goldverrechnungspreis behinderten jedoch die Transaktionsfähigkeit der goldwertgesicherten Sonderziehungsrechte schließlich so stark, daß bereits 1974 eine Neubewertung erforderlich wurde.

Die Möglichkeit, die Sonderziehungsrechte an eine einzige Währung — und dafür wäre effektiv nur der Dollar in Frage gekommen — zu binden, erschien aus mehreren Gründen nicht ratsam. Die Sonderziehungsrechte waren unter anderem ja gerade deshalb eingeführt worden, um die Bedeutung des Dollars im internationalen Währungssystem zu verringern. Das Exekutiv-Direktorium des Währungsfonds entschied sich daher 1974, die Bewertung der Sonderziehungsrechte nach einem Korb von 16 Währungen zu berechnen (vgl. Tabelle 2).

Als Bemessungsgrundlage wurde 1974 die sogenannte „Standardkorb-Methode" gewählt. Sie ist dadurch gekennzeichnet, daß die Menge der einzelnen Währungen im Korb gleich gehalten wird, und zwar aus-

Tabelle 2

Währungskorb zur Bestimmung des Wertes der Sonderziehungsrechte (Stand 1974)

Währung	Gewicht (in Prozent)	Betrag (in Einheiten der betreffenden Währung)
US-Dollar	33	,40
Deutsche Mark	12,5	,38
Pfund Sterling	9	,045
Französischer Franken	7,5	,44
Japanischer Yen	7,5	26
Kanadischer Dollar	6	,071
Italienische Lira	6	47
Holländischer Gulden	4,5	,14
Belgischer Franken	3,5	1,60
Schwedische Krone	2,5	,13
Australischer Dollar	1,5	,012
Dänische Krone	1,5	,11
Norwegische Krone	1,5	,099
Spanische Pesete	1,5	1,10
Österreichischer Schilling	1	,22
Südafrikanischer Rand	1	,0082
	100	

gedrückt in Anteilen oder in Vielfachen von Einheiten der jeweiligen nationalen Währungen. Arithmetisch hat dies folgende Konsequenz: Wertet sich z. B. eine Währung ab, vermindert sich der Wert der Sonderziehungsrechte entsprechend dem Ausmaß der Abwertung und dem Gewicht der betreffenden Währung im Korb. Die Kursänderung der Sonderziehungsrechte fällt also jeweils geringer aus als die relative Kursänderung einer einzelnen Währung. Sonderziehungsrechte haben daher ein geringeres Kursrisiko.

In den Korb einbezogen wurden die Währungen derjenigen Mitgliedsländer der Sonderziehungsrechts-Abteilung, deren durchschnittlicher Anteil am Gesamtexport in der Welt von 1968 bis 1972 mehr als 1 % ausmachte. Dabei entsprach der Gewichtanteil der einzelnen Korbwährungen dem Anteil des jeweiligen Landes am Weltexport-Volumen. Nur dem Dollar wurde wegen seiner überragenden Bedeutung für die Weltwirtschaft ein überproportionaler Anteil von 33 % eingeräumt. Die Prozentgewichte mußten in Währungsanteile umgewandelt werden.

Grundlage hierfür bildeten die durchschnittlichen Wechselkurse in der drei-Monats-Periode vor dem 27. Juni 1974.

Zum 1. Juli 1978 wurde eine Neufestsetzung der Struktur des Währungskorbes beschlossen.

Aus Tabelle 3 ist ersichtlich, daß die Anzahl der Währungen im Korb mit 16 konstant geblieben ist. Die Dänische Krone und der Südafrikanische Rand sind jedoch ausgetauscht worden gegen den Saudiarabischen Rial und den Iranischen Rial. Darüber hinaus sind die Gewichte einzelner Währungen geändert worden. Der Anteil des Dollars wurde auf seiner bisherigen Höhe belassen. Die Wechselkurse wurden wiederum berechnet aus dem Durchschnitt derjenigen Kurse, die in der drei-Monats-Periode vor dem 1. Juli 1978 galten[44].

Tabelle 3

Währungskorb zur Bestimmung des Wertes der Sonderziehungsrechte (Stand 1978)

Währung	Gewicht (in Prozent)	Betrag (in Einheiten der betreffenden Währung)
US-Dollar	33	,40
Deutsche Mark	12,5	,32
Pfund Sterling	7,5	,050
Französischer Franken	7,5	,42
Japanischer Yen	7,5	21
Kanadischer Dollar	5	,070
Italienische Lira	5	52
Holländischer Gulden	5	,14
Belgischer Franken	4	1,60
Saudiarabischer Rial	3	,13
Schwedische Krone	2	,11
Iranischer Rial	2	1,70
Australischer Dollar	1,5	,017
Norwegische Krone	1,5	,099
Spanische Pesete	1,5	1,50
Österreichischer Schilling	1,5	,28
	100	

[44] Vgl. Gold, Joseph, SDRs, Gold and Currencies, IMF Pamphlet Series No. 26, Washington 1979, S. 4 f.

II. Ausgestaltung der Sonderziehungsrechte

1. Organisatorischer Rahmen

a) Sonderziehungskonto und Generalkonto

Mit der Einführung des neuen Mediums der Sonderziehungsrechte wurde gemäß Artikel XVI, Abschnitt 1 der Statuten des Internationalen Währungsfonds ein spezielles Konto, das Sonderziehungskonto, errichtet. Über dieses Konto sollen alle Operationen und Transaktionen in Sonderziehungsrechten im Zusammenhang mit Zahlungsbilanzfinanzierungen abgewickelt werden. Mit der Annahme der ersten Ergänzung zum Abkommen von Bretton-Woods wurde zugleich das bisherige Konto in Generalkonto umbenannt. Die damit erfolgte Trennung der Aktivitäten ist nicht deshalb vorgenommen worden, weil man Probleme aus dem Nebeneinander der verschiedenen Reservemedien befürchtete, sondern vielmehr, weil durch die Schaffung eines neuen Kontos Gläubiger- und Schuldnerverhältnisse ermöglicht wurden, die von den bisherigen Operationen organisatorisch unabhängig bleiben sollten[1].

Beide Konten werden vom Währungsfonds verwaltet, und für beide sind auch grundsätzlich dieselben Verwaltungsorgane zuständig: der Gouverneursrat und das Exekutiv-Direktorium. Da die Bestimmungen über das Sonderziehungskonto in die Satzung des Währungsfonds eingebaut worden sind (Artikel XVI bis XXV), wurde mit der organisatorischen Trennung der beiden Konten kein neues Organ geschaffen. Alle bisherigen Operationen und Geschäfte entsprechend der Artikel I bis XIV werden der neuen Satzung entsprechend über das Generalkonto abgewickelt.

Mit der Schaffung des Generalkontos und des Sonderziehungskontos wurden innerhalb des Internationalen Währungsfonds allerdings zwei verschiedene Geschäfts- und Organisationsbereiche eingerichtet. Diese Bereiche unterscheiden sich von ihren Aufgaben her beträchtlich. Im Generalkonto arbeitet der Währungsfonds mit eigenen oder mit geborgten Mitteln. Im Sonderziehungskonto werden die Mittel nicht von außen beschafft, sondern durch unabhängigen Willensakt der Organe des Währungsfonds formal-rechtlich kreiert.

---

[1] Vgl. Albrecht, Daniel Ulrich, Sonderziehungsrechte und internationale Liquidität, Winterthur 1973, S. 97.

Der Grundsatz, daß die Inanspruchnahme von Sonderziehungsrechten nur über das Sonderziehungskonto laufen soll, wird allerdings bei Transaktionen durchbrochen, bei deren Abwicklung der Währungsfonds mit Sonderziehungsrechten aus eigenem Bestand operiert. Derartige Transaktionen können in beiden Konten verrechnet werden[2].

b) Teilnehmer

Am Sonderziehungskonto können nur Mitglieder des Internationalen Währungsfonds teilnehmen. Die Teilnahme erfordert eine schriftliche Erklärung des betreffenden Landes, allen Verpflichtungen aus dem Konto in Übereinstimmung mit der Satzung nachzukommen.

Während die Zuteilung von Sonderziehungsrechten auf den Kreis der Teilnehmer am Sonderziehungskonto beschränkt bleibt, ist der Kreis derjenigen, die Sonderziehungsrechte als Rechenmittel und Wertaufbewahrungsmittel verwenden können, weiter gezogen. Der Währungsfonds selbst kann auf seinem Generalkonto von seinen Mitgliedern Sonderziehungsrechte aus normalen Ziehungen zur Begleichung von Schulden annehmen. Er kann darüber hinaus für die Entrichtung von Gebühren und Zinsen Sonderziehungsrechte entgegennehmen. Ferner können Mitglieder des Internationalen Währungsfonds, die nicht Teilnehmer an der Sonderziehungsrechts-Abteilung sind, Zahlungen in Form von Sonderziehungsrechten tätigen oder entgegennehmen. Das gleiche gilt für Institutionen wie die Bank für Internationalen Zahlungsausgleich in Basel und auch für Nichtmitglieder des Internationalen Währungsfonds wie die Schweiz.

Die Bedingungen, zu denen solche außenstehenden Institutionen oder Länder Sonderziehungsrechte verwenden können, sind in besonderen Vereinbarungen auszuhandeln. Für die diesbezügliche Verwendung von Sonderziehungsrechten ist die Zustimmung einer Mehrheit von 85 % der Gesamtstimmen der Teilnehmerländer des Sonderziehungskontos nötig.

In einem Entwurf der Satzung zur Einführung der Sonderziehungsrechte war ursprünglich auch die Möglichkeit vorgesehen, internationale Organisationen wie die Weltbank oder die International Development Association zur Teilnahme an der Sonderziehungsrechts-Abteilung zuzulassen. Die Weltbank wäre damit auch in den Genuß von Zuteilungen von Sonderziehungsrechten gekommen. Solche Absichten wurden jedoch auf der Stockholmer Tagung des Zehnerclubs im April

---

[2] Vgl. Horsefield, J. Keith, The International Monetary Fund 1945 - 1965, S. 501.

1968 wieder fallen gelassen. Es wäre einer Präjudizierung des Link-Gedankens nahegekommen.

c) Sanktionsbestimmungen

Ein jedes Währungssystem kann nur funktionieren, wenn die Beteiligten seine Spielregeln einhalten. Sonderziehungsrechte stellen Währungsreserven dar, die ohne reale Leistungsvorgänge entstehen und ohne Gegenleistung zugeteilt werden. Sanktionen können sich infolgedessen nicht auf die Vergabevorschriften beziehen. Sie müssen sich vielmehr auf die Verwendungsregeln des Systems konzentrieren. Schwerwiegendster Regelverstoß wäre die Weigerung, Sonderziehungsrechte gegen konvertible Währungen einzutauschen.

Ein anderer fundamentaler Verstoß gegen die Regeln der Sonderziehungsrechts-Abteilung wäre die Mißachtung der Rekonstitutions-Pflicht.

Im allgemeinen kann der Internationale Währungsfonds einem Teilnehmerland der Sonderziehungsrechts-Abteilung, das der vorgesehenen Verwendung der Sonderziehungsrechte zuwiderhandelt, nur in Form einer Verwarnung begegnen. Der Internationale Währungsfonds kann dabei feststellen, daß ein Teilnehmerland seinen Verpflichtungen aus der Mitgliedschaft in der Sonderziehungsrechts-Abteilung nicht nachgekommen ist. Äußerstenfalls kann er eine ungerechtfertigte Verwendung von Sonderziehungsrechten entweder durch eine ausgleichende Designierung ahnden oder durch Suspension derjenigen Sonderziehungsrechte sanktionieren, die das betreffende Land nach dem Aussetzungsbeschluß erwirbt.

Eine Aussetzung beeinträchtigt nicht die Verpflichtung, weiterhin gegen Annahme von Sonderziehungsrechten Währungsbeträge zur Verfügung zu stellen. Außerdem ist ein Land auch bei einer verfügten Suspension der Benutzung der Sonderziehungsrechte weiterhin gehalten, Sonderziehungsrechte gegen Hingabe von konvertiblen Währungen entgegenzunehmen. Diese Regelung ist als eine Art Strafmaßnahme gedacht. Die zwingende Durchsetzung der Strafe gemäß Art. XIII, Abschn. 2 läßt sich allerdings nur schwer realisieren. Wenn eine Zentralbank nämlich aufgrund einer Obstruktionspolitik einer Suspension unterliegt, wird sie kaum noch gewillt sein, zusätzliche Sonderziehungsrechte gegen Hingabe konvertibler Währung aufzunehmen.

Eine verhängte Suspension kann jederzeit widerrufen werden, es sei denn, sie war wegen Mißachtung der Rekonstitutionsvorschriften ausgesprochen worden. In einem solchen Fall darf sie erst ein halbes Jahr nach Ablauf eines Kalendervierteljahres zurückgenommen werden, in dem der Teilnehmer den Rekonstitutionspflichten wieder nachgekommen ist. Gegebenenfalls wird der Internationale Währungsfonds dabei untersuchen, ob die Nichterfüllung der Rekonstitutionspflicht auf einen Fehler des betreffenden Landes zurückzuführen ist.

Eine Rekonstitution kann nur erzwungen werden, wenn ein Land von den zugeteilten Sonderziehungsrechten im Durchschnitt mehr als die zulässigen 70 % ausgenutzt hat, d. h. wenn sein durchschnittlicher täglicher Bestand weniger als 30 % seiner kumulativen Nettozuteilung beträgt. Die Satzung sieht in einem solchen Fall vor, daß das Land die zur Erfüllung der Rekonstitutionspflicht notwendigen Sonderziehungsrechte beim Generalkonto gegen die Hingabe vom Internationalen Währungsfonds akzeptierbarer Währungen erwirbt. Lassen sich auf diese Weise nicht genügend Sonderziehungsrechte beschaffen, ist das betreffende Land verpflichtet, den Restbedarf bei einem vom Internationalen Währungsfonds bestimmten Teilnehmer gegen Hingabe von konvertiblen Währungen zu beschaffen. Außerdem wird die Beobachtungsfrist verlängert, nachdem die Rekonstitution wieder erreicht wurde. Diese Vorschrift ist eingeführt worden, um zu verhindern, daß das betreffende Land nach Überwindung der Suspension nicht unmittelbar wieder vertragsbrüchig wird. Ohne eine derartige Sanktion wäre wahrscheinlich selbst eine Suspension kaum abschreckend[3].

Die strengste Sanktion hat zu erfolgen, wenn ein Land seiner Verpflichtung zur Annahme von Sonderziehungsrechten nicht mehr nachkommt. In diesem Fall sieht die Satzung vor, daß das Recht dieses Teilnehmerlandes auf Verwendung seiner Sonderziehungsrechte ausgesetzt werden kann. Eine derartig harte Regelung ist erforderlich, um die Annahmeverpflichtung zu erzwingen. Ohne sie würden designierte Überschußländer wohl kaum bereit sein, Defizitländern Währungsreserven gegen die Hingabe von Sonderziehungsrechten zur Verfügung zu stellen. Damit aber wäre die Funktionsfähigkeit des gesamten Kontos gefährdet.

d) Zinsen und Gebühren

Die Bestände eines Teilnehmers an Sonderziehungsrechten werden vom Internationalen Währungsfonds verzinst. Gleichzeitig muß jeder Teilnehmer für die ihm zugeteilten Sonderziehungsrechte eine Verzinsung in Form von Gebühren an den Währungsfonds leisten. Diese Regelung läuft darauf hinaus, daß Teilnehmer, deren Bestände die kumulative Nettozuteilung übersteigen (Nettoakquisiteure), Zinserträge gutgeschrieben erhalten, während Teilnehmer, die zugeteilte Sonderzie-

[3] Vgl. Gold, Joseph, SDRs, Gold and Currencies, S. 46.

hungsrechte für Zahlungszwecke eingesetzt haben, Gebühren entrichten müssen. Sowohl die Zinsen als auch die Gebühren sind in Einheiten von Sonderziehungsrechten zu zahlen. Die Höhe des Zinssatzes und des Gebührensatzes wird vom Internationalen Währungsfonds mit einer Mehrheit von 70 % der Stimmanteile festgelegt.

Hat ein Teilnehmerland nicht mehr genügend Sonderziehungsrechte, um die fälligen Gebühren bezahlen zu können, besteht die Möglichkeit, diese gegen Hingabe einer für den Währungsfonds annehmbaren Währung vom Generalkonto zu kaufen. Lassen sich hiermit nicht genügend Sonderziehungsrechte mobilisieren, kann der Währungsfonds ein Land bestimmen, das die erforderliche Menge an Sonderziehungsrechten gegen konvertible Währungen bereitzustellen hat.

Kosten für die Geschäftsführung des Sonderziehungskontos werden aus dem Generalkonto vorgestreckt. Sie sind dem Generalkonto allerdings von Zeit zu Zeit zu erstatten, und zwar auf der Grundlage einer angemessenen Kostenkalkulation. Hierfür erhebt der Währungsfonds eine Umlage bei allen Teilnehmern im Verhältnis ihrer kumulativen Nettozuteilungen.

2. Zuteilung und Einziehung

a) Ökonomische Voraussetzungen für die Zuteilung

Als grundlegendes ökonomisches Kriterium für die Zuteilung von Sonderziehungsrechten wird der weltweite langfristige Bedarf an Währungsreserven angesehen (Art. XVIII, Abschn. 1). Die Versorgung mit Sonderziehungsrechten soll so erfolgen, daß unter Wahrung der Ziele des Artikels I des Abkommens über den Internationalen Währungsfonds, wie beispielsweise die Förderung des Welthandels und des Wirtschaftswachstums, globale Inflations- und Deflationsprozesse vermieden werden.

Als Problem ergibt sich hierbei die bereits im Zusammenhang mit den Plänen zur Einführung der Sonderziehungsrechts diskutierte Frage einer Feststellung des weltweiten Bedarfs an internationaler Liquidität. Häufig wird die Entwicklung des Welthandels als ein geeigneter Maßstab für den Bedarf an Währungsreserven angesehen. Die Beobachtung zeigt allerdings, daß kein systematischer Zusammenhang zwischen dem Wachstum des Handelsvolumens in der Welt und dem Reservewachstum besteht. Es hat Perioden gegeben, in denen der Welthandel stärker gewachsen ist als das Reservevolumen, und Perioden, in denen die Reserven stärker expandiert sind als das Handelsvolumen.

Vielfach wird auch behauptet, daß der Bedarf an internationaler Liquidität von dem jeweiligen Wechselkurssystem abhängt. Im Extremfall kann die These vertreten werden, daß Währungsreserven lediglich in einem System fester Wechselkurse erforderlich sind, während in einem System voll flexibler Wechselkurse keinerlei Reserven benötigt werden. Mit dem Übergang vom erstgenannten System zu einem Währungssystem, bei dem die Wechselkurse nicht fixiert sind, würde der weltweite Bedarf an internationaler Liquidität also abnehmen.

Eine derartige Argumentation übersieht allerdings zwei wichtige Tatsachen: In einem System fester Wechselkurse reflektieren die Währungsreserven der Überschußländer meist nicht die effektive Nachfrage eines Landes nach Reserven, sondern sie sind z. T. das Ergebnis einer im Vergleich zu anderen Ländern restriktiveren Geld- und Fiskalpolitik. Insofern stellen sie eine Ergebnis- bzw. Residualgröße und keine unter dem Gesichtspunkt einer bestimmten Höhe der Reservehaltung angestrebte Variable dar. Je größer die weltweiten Bestände an Währungsreserven sind, um so mehr können sich die einzelnen Länder eine voneinander abweichende Wirtschaftspolitik leisten. Das Vorhandensein von Währungsreserven verringert also den von der Zahlungsbilanz ausgehenden Anpassungsdruck auf die einzelnen Volkswirtschaften. Unter diesem Gesichtspunkt könnte ein geringeres, d. h. ein unterhalb der Wachstumsrate des Welthandels liegendes Reservewachstum zu mehr Stabilität in der Weltwirtschaft beitragen.

Ein zweiter, zumeist übersehener Aspekt ist die Tatsache, daß ein konsequent praktiziertes System flexibler Wechselkurse in der ökonomischen Realität bisher nicht anzutreffen ist. In der Praxis besteht immer das Bestreben, „nicht erwünschte“ Wechselkursbewegungen abzuschwächen. Dies impliziert, daß auch ein System flexibler Wechselkurse praktisch nicht ohne Währungsreserven auskommt. Unter dem Gesichtspunkt einer gewissen Wechselkursstabilität sind Interventionen der Zentralbanken am Devisenmarkt dann unumgänglich. Zentralbanken, die einer Abwertungstendenz der inländischen Währung entgegenwirken wollen, müssen über Bestände an Währungsreserven verfügen, die sie zur Marktstabilisierung einsetzen können. Diese müssen sie vorher durch Interventionen am Devisenmarkt zugunsten anderer Währungen durch internationale Kredite, durch die Zuteilung von Ziehungs- und Sonderziehungsrechten oder schließlich durch Leistungsbilanzüberschüsse erwerben. Bestrebungen zur Verringerung kurzfristiger Ausschläge der Wechselkurse machen daher auch in einem System prinzipiell flexibler Wechselkurse die Haltung von Währungsreserven erforderlich.

Es ist somit keineswegs sicher, ob der Bedarf an Währungsreserven in einem System fester Wechselkurse größer ist als in einem System prinzipiell flexibler Wechselkurse. Sicher ist nur, daß in der realen

Welt kein Wechselkurssystem ohne Währungsreserven auskommt. Wie hoch der Bedarf aber tatsächlich ist und welches effektive Ausmaß eines Reservewachstums weltweite Inflations- oder Deflationsprozesse verhindert, dürfte sich quantitativ kaum auch nur annähernd genau bestimmen lassen.

b) Formales Zuteilungsverfahren

Wegen der Schwierigkeiten bei der Ermittlung des weltweiten Bedarfs an Währungsreserven und zur Verhinderung einer zu bequemen Finanzierung von Zahlungsbilanzdefiziten durch die Neuschaffung von Sonderziehungsrechten ist von seiten des Währungsfonds ein sorgfältig abgewogenes, mehrstufiges Zuteilungsverfahren eingeführt worden.

Das Vorschlagsrecht für Zuteilungsbeschlüsse liegt beim Geschäftsführenden Direktor. Dieser muß sich bei seinen Zuteilungsvorschlägen jedoch eine breite Zustimmung der Teilnehmer der Sonderziehungsrechts-Abteilung sichern. Er hat damit die Aufgabe, schon im Vorstadium einen Interessenausgleich zwischen den einzelnen Ländern und Ländergruppen, wie etwa Industriestaaten, erdölexportierende Staaten und Entwicklungsländer herbeizuführen[4]. Der Vorschlag des Geschäftsführenden Direktors für die Zuteilung von Sonderziehungsrechten ist dem Exekutiv-Direktorium zu unterbreiten. Die Exekutiv-Direktoren können dem Vorschlag zustimmen oder ihn ablehnen. Wegen der ohnehin engen Zusammenarbeit zwischen dem Geschäftsführenden Direktor und dem Exekutiv-Direktorium sowie wegen der Verpflichtung des Geschäftsführenden Direktors, sich zuvor einer breiten Mehrheit zu vergewissern, dürfte der letztgenannte Fall kaum jemals relevant werden. Die erforderliche Zustimmung des Exekutiv-Direktoriums bildet aber einen zusätzlichen Filter gegen eine mißbräuchliche Nutzung des Finanzierungsinstruments Sonderziehungsrechte.

Für die Beschlußfassung über die Zuteilung ist letztendlich der Gouverneursrat als höchstes Organ des Internationalen Währungsfonds zuständig. Der Zuteilungsbeschluß erfordert eine Mehrheit von 85 % der Stimmen. Ein derartig hoher Zustimmungsgrad zwingt zu einem weitgehenden Konsens zwischen allen Mitgliedsländern. Er gewährleistet gleichzeitig ein Vetorecht wichtiger Länder wie der Vereinigten Staaten oder wichtiger Ländergruppen wie der Europäischen Gemeinschaft.

Die Zuteilungen erfolgen prozentual in Relation zu den zur Zeit des Zuteilungsbeschlusses geltenden Quoten. Sie werden im Grundsatz für Basisperioden von jeweils fünf Jahren vorgenommen, aber in Jahres-

---

[4] Vgl. auch Walter, Franz-R., Die Sonderziehungsrechte, Berlin 1964, S. 67.

raten gutgeschrieben. Die Festlegung von Basisperioden hat den Zweck, den Teilnehmerländern eine längerfristige Disposition zu ermöglichen. Von der fünfjährigen Basisperiode kann ebenso abgewichen werden wie von der Zuteilung in jährlichen Abständen oder den im Beschlußzeitpunkt geltenden Quoten. Bisher ist für die Basisperiode jeweils eine Zeitspanne von drei Jahren gewählt worden.

Es ist nicht erforderlich, in jeder Basisperiode Neuzuteilungen an Sonderziehungsrechten vorzunehmen. Vielmehr können auch Basisperioden ohne Neuzuteilungen bleiben. Derartige Leerperioden kommen dadurch zustande, daß der Geschäftsführende Direktor entweder keinen Zuteilungsvorschlag macht oder daß der Gouverneursrat einen Zuteilungsvorschlag des Geschäftsführenden Direktors ablehnt.

c) Opting-out, Opting-back-in

Teilnehmer am Sonderziehungskonto, die gegen eine Neuzuteilung gestimmt oder sich der Stimme enthalten haben, haben die Möglichkeit, für die jeweilige Basisperiode Zuteilungen nicht anzunehmen. Derartige Teilnehmer sind gleichzeitig von den mit der Neuzuteilung verbundenen Annahmeverpflichtungen für zusätzliche Sonderziehungsrechte befreit. Sie begrenzen auf diese Weise ihre Devisenbereitstellungsverpflichtung gegenüber anderen Teilnehmerländern.

Der Wunsch zum Herausoptieren (Opting-out) für eine Basisperiode ist dem Internationalen Währungsfonds schriftlich mitzuteilen. Durch einen entsprechenden entgegengesetzten Antrag kann der Währungsfonds das Land auch wieder zur Teilnahme an den Zuteilungen zulassen (Opting-back-in). Das Land nimmt dann automatisch wieder an allen Zuteilungen teil, sofern kein erneutes Herausoptieren erfolgt.

Ein Opting-out-Beschluß befreit jedoch nach dem Abkommen kein Land von seiner Verpflichtung, konvertible Währungen bis zum zweifachen Betrag der ihm bisher zugeteilten Sonderziehungsrechte zur Verfügung zu stellen und dafür einen entsprechenden Betrag an Sonderziehungsrechten zu übernehmen.

Das Herausoptieren bezieht sich jeweils auf eine Basisperiode. Der Entschluß, nicht an der Zuteilung teilzunehmen, kann jedoch eventuell noch während einer Basisperiode korrigiert werden (Opting-back-in). Artikel XVIII, Abschnitt 2 (e (ii)) eröffnet selbst für die laufende Basisperiode einem ruhenden Mitglied die Möglichkeit, wieder an der Zuteilung teilzunehmen. Allerdings ist hierfür die Zustimmung des Internationalen Währungsfonds erforderlich. Der Währungsfonds kann beschließen, ein Mitglied, das eine Neuzuteilung an Sonderziehungsrechten für eine Basisperiode zunächst abgelehnt hat, wieder an der Zuteilung teilhaben zu lassen. Ein solches Mitglied kann jedoch nur an Zuteilungen partizipieren, die nach der Wiederteilnahmegestattung vorgenommen werden. Ein Opting-back-in dahingehend, daß der ruhende Teilnehmer auch noch nachträglich die vor dem Wiederaufnahmebeschluß anteilsmäßig zugeteilten Sonderziehungsrechte erhält, ist damit nicht möglich. Die Exekutiv-Direktoren haben empfohlen, daß die Gremien des Internationalen Währungsfonds dem Verlangen eines ruhenden Teilnehmers, doch noch an den Zuteilungen der laufenden Basisperiode teilzunehmen, positiv gegenüberstehen[5].

d) Einziehung

Nach einem ähnlichen Verfahren wie es für Zuteilungsbeschlüsse gilt, können auch Beschlüsse über den Einzug von Sonderziehungsrechten gefaßt werden. Hierzu ist es notwendig, daß der Geschäftsführende Direktor dem Gouverneursrat einen Vorschlag unterbreitet, der zuvor einen breiten Konsens unter den Mitgliedern gefunden hat. Über den Einziehungsbeschluß ist ebenso wie beim Zuteilungsbeschluß vom Gouverneursrat mit einer Mehrheit von 85 % der Stimmrechte zu beschließen.

Der Einziehungsbeschluß gilt ebenfalls für eine Basisperiode von fünf Jahren, wobei allerdings wiederum Abweichungen möglich sind. Im Gegensatz zu den Zuteilungen, die als Prozentsatz der Teilnehmerquoten festgelegt sind, werden die Einziehungen als ein für alle verbindlicher Prozentsatz der kumulativen Nettozuteilung festgelegt. Dieses Verfahren ist vorgeschrieben, um sicherzustellen, daß alle Teilnehmer von der Einziehung anteilsmäßig gleich betroffen werden. Die Verwendung der Quote würde die gleichmäßige Einziehung nicht gewährleisten, da einige Teilnehmer von dem Recht des Herausoptierens Gebrauch gemacht haben könnten und andere Teilnehmer nicht von Anfang an dem Sonderziehungsrechts-Konto angehört haben. Derartige Teilnehmer verfügen über geringere kumulative Nettozuteilungen als es sonst ihrem quotenmäßigen Anteil entsprochen hätte.

Die ökonomische Voraussetzung einer Einziehung von Sonderziehungsrechten wäre z. B. eine weltweite Überversorgung mit internationaler Liquidität, die das Stabilitätsziel des Währungsfonds gefährden könnte. Wegen des zuvor aufgezeigten wenig eindeutigen Zusammenhangs zwischen der Veränderungsrate der Währungsreserven und der Weltinflationsrate ist eine Überversorgung jedoch ebenso schwer zu quantifizieren wie eine Unterversorgung. Da somit ein objektiver Maßstab für die Festsetzung des Gesamtvolumens der Sonder-

[5] Vgl. Walter, Franz-R., Die Sonderziehungsrechte, S. 73.

ziehungsrechte fehlt, dürfte ein Anlaß für die Einziehung kaum jemals relevant werden.

3. Transaktionsregeln

a) Transaktionen zwischen Teilnehmern

Im Gegensatz zu den Ziehungsrechten, die aus Einzahlungen von Währungen resultieren, werden Sonderziehungsrechte — wie schon dargestellt — ohne Gegenleistung zugeteilt. Die ökonomische Bedeutung der Sonderziehungsrechte liegt daher allein in den Transaktionsregeln begründet, vor allem in der Annahmeverpflichtung der Teilnehmerländer der Sonderziehungsrechts-Abteilung. Die Transaktionsregeln sehen vor, daß Devisen nicht wie bei dem Generalkonto aus einem gemeinsamen Fonds zur Verfügung gestellt werden, sondern daß die Verrechnung direkt über einzelne Länder abgewickelt wird. Die Besonderheit der Sonderziehungsrechte liegt somit darin, daß sie zwar vom Internationalen Währungsfonds emittiert werden, vom Inhaber aber gegenüber dem Währungsfonds kein Forderungsrecht auf Bereitstellung von konvertibler Währung geltend gemacht werden kann.

Der primäre Verwendungszweck der Sonderziehungsrechte ist die zeitweilige Finanzierung von Zahlungsbilanzdefiziten. Sonderziehungsrechte können jedoch auch eingesetzt werden, wenn aufgrund der Entwicklung der Währungsreserven ein allgemeiner Devisenbedarf besteht. Nicht erlaubt ist dagegen der Einsatz von Sonderziehungsrechten unter dem Gesichtspunkt einer Veränderung der Verteilungsstruktur der Währungsreserven. In der Regel erfolgt aber der Erwerb konvertibler Währungen gegen die Hingabe von Sonderziehungsrechten bei einem vom Internationalen Währungsfonds designierten Land.

Die Beschaffung von konvertiblen Währungen kann aber auch ohne Designation durch den Währungsfonds im Einvernehmen zwischen zwei Teilnehmerländern erfolgen. In solchem Einvernehmen zwischen Teilnehmern können auch Sonderziehungsrechts-Transaktionen durchgeführt werden, die nicht der Finanzierung von Zahlungsbilanzdefiziten dienen, wie z. B. Schuldentilgungen oder einseitige Übertragungen. Derartige Transaktionen, bei denen keine konvertiblen Währungen zur Verfügung gestellt werden, bedürfen einer mehrheitlichen Zustimmung von 70 % der Stimmrechte der Mitglieder des Internationalen Währungsfonds.

Die Verpflichtung eines designierten Teilnehmers, Sonderziehungsrechte aufzunehmen, besteht nur bis zur Obergrenze des Zweifachen der kumulativen Nettozuteilungen. Darüber hinaus ist es aber möglich, auf freiwilliger Basis weitere Sonderziehungsrechte anzunehmen.

Mit der Beschränkung der Annahmeverpflichtung wird der Zweck verfolgt, einzelne Teilnehmer nicht in zu großem Ausmaß mit der Abgabe konvertibler Währungen zu belasten. Außerdem wäre ohne eine solche Beschränkung wahrscheinlich eine größere Wahl von Mitgliedsländern des Internationalen Währungsfonds nicht der Sonderziehungsrechts-Abteilung beigetreten, so daß letztendlich die allgemeine Funktionsfähigkeit des Kontos in Frage gestellt worden wäre.

b) Designationskriterien

Länder, die vom Internationalen Währungsfonds zur Annahme von Sonderziehungsrechten bestimmt worden sind, sind grundsätzlich verpflichtet, Währungsbeträge gegen die Hingabe von Sonderziehungsrechten zur Verfügung zu stellen. Die Designation dient dem Zweck, die währungsstarken Gläubigerländer möglichst gleichmäßig zu belasten bzw. in Anspruch zu nehmen. Könnten sich die einzelnen Teilnehmer die zu beziehenden Länder selbst auswählen, wie es zunächst geplant war, bestünde die Möglichkeit, daß einige Länder besonders stark in Anspruch genommen werden würden und andere weniger stark oder überhaupt nicht.

Die Kriterien für die Designation sind in Artikel XIV, Abschnitt 5 festgelegt. Danach unterliegt ein Teilnehmer der Designation, wenn er über eine ausreichend starke Zahlungsbilanz- und Reserveposition verfügt. Ein Teilnehmer kann jedoch auch in einer Zahlungsbilanzdefizitlage designiert werden, sofern dieses Defizit nicht allzu groß ist und seine Bestände an Währungsreserven sehr hoch sind. Der Bestandsgröße der Währungsreserven kommt somit als Designationskriterium ein größeres Gewicht zu als der Stromgröße der Zahlungsbilanzposition.

Bei der Designation von Ländern mit starker Reserveposition wird von seiten des Internationalen Währungsfonds auf eine möglichst gleichmäßige Inanspruchnahme durch die Schuldnerländer Wert gelegt. Kriterium für den Währungsfonds ist hierbei das im Zeitablauf gegebene Verhältnis zwischen Nettoakquisition und dem Bestand an anderen Währungsreserven. Der Währungsfonds achtet bei der Designation darauf, daß sich ein möglichst gleichmäßiges Verhältnis zwischen Nettoakquisition und den übrigen Währungsreserven bei den einzelnen Ländern einstellt. Länder, deren Nettoakquisition unterdurchschnittlich ist, werden demzufolge stärker herangezogen als Länder mit durchschnittlicher oder unterdurchschnittlicher Nettoakquisition. Bei Gleichheit der Relation zwischen Nettoakquisition und den übrigen Währungsreserven sind die Teilnehmer unter Aufrechterhaltung des proportionalen Verhältnisses zu designieren.

Außer reservestarken Teilnehmern sollen solche Teilnehmer vorrangig designiert werden, die zugleich Sonderziehungsrechte benötigen, um ihre mittelfristig erforderlichen Bestandsverpflichtungen zu erfüllen. Hierbei handelt es sich um Länder, die ihre Sonderziehungsrechts-Zuteilungen zuvor intensiv zur Finanzierung von Zahlungsbilanzdefiziten benutzt haben. Derartige Länder wären ohnehin gehalten, Sonderziehungsrechte wieder zurückzuerwerben.

Die hiermit aufgezeigten Designationskriterien sind nicht für die gesamte Periode der Gültigkeit der zweiten veränderten Fassung des Abkommens über den Internationalen Währungsfonds festgeschrieben. Sie können nach Artikel XIV, Abschnitt 5, Absatz c jederzeit überprüft und geändert werden. Änderungen sollten allerdings jeweils zu Beginn einer neuen Basisperiode eingeführt werden.

c) Rekonstitutionspflicht

Sonderziehungsrechte sollen nicht zur Finanzierung fortdauernder Zahlungsbilanzdefizite dienen, sondern nur zur Überbrückung kurz- oder mittelfristiger Schwierigkeiten bei der Zahlungsbilanzanpassung eingesetzt werden. Zur Sicherung des diesbezüglichen Mitteleinsatzes ist die Rekonstitutionspflicht gemäß Artikel XIX, Abschnitt 6 eingeführt worden. In Anhang G ist die Rekonstitutionspflicht zunächst so festgelegt worden, daß jeder Teilnehmer die zugeteilten Sonderziehungsrechte so zu verwenden hat, daß der Durchschnitt der gesamten täglichen Bestände während einer Fünfjahresperiode mindestens 30 % des Durchschnitts des täglichen Standes der kumulativen Nettozuteilung an Sonderziehungsrechten im gleichen Zeitraum beträgt.

Die Rekonstitutionspflicht wurde damit auf 70 % der im gleichen Fünfjahres-Durchschnitt zugeteilten Sonderziehungsrechte beschränkt. Verwendete ein Teilnehmer in einer Teilperiode mehr als 70 %, durfte er in einer anderen Teilperiode Sonderziehungsrechte in einem Umfang nur von weniger als 70 % zur Finanzierung von Zahlungsbilanzdefiziten einsetzen. Er mußte dann Sonderziehungsrechte in entsprechendem Umfang gegen Hingabe konvertibler Währungen zurückerwerben. Dieser Rückerwerb abgegebener Sonderziehungsrechte gegen konvertible Währungen wird als Rekonstitution bezeichnet. Bei einem Einsatz von genau 70 % der zugeteilten Sonderziehungsrechte oder weniger entsteht natürlich keine Verpflichtung zur Rekonstitution.

Im Jahre 1979 ist der zu haltende Durchschnittsbestand an Sonderziehungsrechten auf 15 % der kumulativen Nettozuteilung verringert worden. Eine Verpflichtung zur Rekonstitution entsteht nach der neuen Regelung erst, wenn im Durchschnitt mehr als 85 % der zugeteilten Sonderziehungsrechte in Anspruch genommen worden sind.

Der Internationale Währungsfonds führt am Ende eines jeden Monats Berechnungen darüber durch, ob und in welchem Ausmaß Teilnehmer Sonderziehungsrechte erwerben müssen, um der Rekonstitutionspflicht zu genügen. Zeigen die Berechnungen, daß ein Teilnehmer die Rekonstitutionspflicht nur erfüllen kann, wenn er die Verwendung von Sonderziehungsrechten für den Rest der Periode einstellt, ist der Teilnehmer vom Internationalen Währungsfonds auf diese Situation hinzuweisen.

Der Währungsfonds soll schließlich einen Teilnehmer, der seine Bestände an Sonderziehungsrechten durch Zukäufe wieder auf den minimalen Durchschnittsbestand bringen muß, dadurch unterstützen, daß er ihn vorrangig zur Abgabe seiner Währung an Teilnehmerländer designiert, die ihre Sonderziehungsrechte zur Zahlungsbilanzfinanzierung einsetzen wollen. Auch kann ein Teilnehmerland im gegenseitigen Einverständnis an einen Rekonstitutionspflichtigen Sonderziehungsrechte gegen fremde Währung abgeben. Gelingt es einem Teilnehmer, der zur Rekonstitution verpflichtet ist, auf dem Wege der Designation trotzdem nicht, die nötigen Sonderziehungsrechte zu erhalten, kann er sie entweder von dem Generalkonto erwerben oder gegen konvertible Währung von einem anderen Teilnehmer zurückkaufen.

Die dargestellten Rekonstitutionsregeln sind kein fundamentaler Bestandteil des Abkommens über den Internationalen Währungsfonds. Sie können jederzeit überprüft und geändert werden. Für die Änderung oder Aufhebung der Rekonstitutionsregeln ist eine Mehrheit von 70 % der Stimmrechte erforderlich.

Die ökonomische Bedeutung der Rekonstitutionspflicht für die Teilnehmerländer der Sonderziehungsrechts-Abteilung liegt zum einen in dem Zwang zur Verbesserung einer defizitären Zahlungsbilanz und zum anderen in der Aufrechterhaltung einer gleichmäßigen Verteilung der Sonderziehungsrechte auf die einzelnen Länder. In beiden Punkten unterscheidet sich das System der Sonderziehungsrechte deutlich vom Gold-Standard oder vom Dollar-Standard. Gold- und Dollar-Standard erlaubten einzelnen Ländern, nämlich denjenigen, die Gold bzw. Dollar produzieren konnten, eine langanhaltende Politik extremer Zahlungsbilanzdefizite. Sie verstärkten damit weltweit die Zahlungsbilanzungleichgewichte und führten zu einer Konzentration von Währungsreserven in wenigen Ländern. Schließlich wird mit der Rekonstitution die Gesamtmenge der zur Verfügung stehenden Sonderziehungsrechte nicht verändert. Sonderziehungsrechte verlieren nie ihre Funktion als Währungsreserve, wie dies z. B. beim Gold oder bei Devisen der Fall sein kann. Es findet jeweils nur eine Transferierung von einem Teilnehmer zu einem anderen statt.

III. Ökonomische Wirkungen der Sonderziehungsrechte

1. Erfüllung monetärer Funktionen

a) Verwendungsbereiche der Sonderziehungsrechte

Mit der Schaffung der Sonderziehungsrechte wurde die Erwartung verbunden, daß diese zur wichtigsten Reserveeinheit im internationalen Währungssystem werden würden. Sie sind so ausgestaltet worden, daß sie wichtige Funktionen des Geldes wie die Rechtsmittelfunktion, die Wertaufbewahrungsfunktion und die Funktion, als Währungsreserve zu dienen, erfüllen können. Die Zahlungsmittelfunktion als weitere wichtige Funktion des Geldes ist ihnen ausdrücklich nicht verliehen worden, da sie nur als Abstraktion existieren.

Die Rechenmittelfunktion des Geldes findet ihren Ausdruck darin, daß Geld als Wertmaßstab bei der Übertragung von Gütern, Leistungen, Finanzaktiva und Realkapital dient[1]. Die Verwendung von Sonderziehungsrechten als Rechenmittel bedeutet, daß bei kurzfristigen Verträgen, die den Transfer von Finanzmitteln zwischen Wirtschaftseinheiten in unterschiedlichen Währungsgebieten zum Inhalt haben, auf Sonderziehungsrechte als Wertmaßstab zurückgegriffen wird. Dies ist immer dann der Fall, wenn laufende Transaktionen in Sonderziehungsrechten statt in einer anderen Währung vereinbart und abgewickelt werden.

Die Wertaufbewahrungsfunktion des Geldes kommt allgemein darin zum Ausdruck, daß Wirtschaftseinheiten Geld anstatt anderer Aktiva unter dem Gesichtspunkt des Kaufaufschubs halten. Dabei spielt die Intention der Sicherung gegen Kaufkraftverlust durch Inflation und Wechselkursverschlechterung eine wichtige Rolle. Da Sonderziehungsrechte effektiv nur in ihrer Beziehung zu nationalen Währungen die Wertaufbewahrungsfunktion erfüllen, kommt der Sicherung gegen Verlust durch Wechselkursschwankungen und Inflation bei ihrer Verwendung eine erhebliche Bedeutung zu. Deshalb soll im folgenden von der Wahrnehmung der Wertaufbewahrungsfunktion bei ihnen dann

[1] Vgl. Siebke, Jürgen, und Willms, Manfred, Theorie der Geldpolitik, Berlin, Heidelberg, New York 1974, S. 62.

gesprochen werden, wenn mittel- oder langfristige Verträge auf der Basis von Sonderziehungsrechten speziell unter dem Gesichtspunkt des Schutzes vor Wechselkurs- und Inflationsrisiken geschlossen werden. Wirtschaftseinheiten schließen Verträge auf der Basis von Sonderziehungsrechten ab, wenn sie davon ausgehen, daß die inländische Währung in ihrem Planungszeitraum einen stärkeren realen Kaufkraftverlust erleidet als die Sonderziehungsrechte. Dabei wirken Wertaufbewahrungsfunktion und Rechenmittelfunktion interdependent.

Anlageentscheidungen zugunsten von Sonderziehungsrechten können auch unter dem Gesichtspunkt des Zinsertrages sowie unter dem doppelten Gesichtspunkt des Zinsertrages und der Sicherung der Kaufkraft erfolgen. Da Sonderziehungsrechte bisher jedoch fast ausschließlich von Zentralbanken als zinsbringende Anlageform gehalten werden, ist ein diesbezüglicher Vergleich ihrer Attraktivität allein für Zentralbanken sinnvoll. Nur für Zentralbanken stellt sich bisher die Frage, ob Sonderziehungsrechte als Anlageform einen höheren oder niedrigeren effektiven Ertrag erbringen als andere Währungsreserven.

Bevor der Frage nachgegangen wird, inwieweit die Sonderziehungsrechte seit ihrer Einführung die genannten Funktionen erfüllt haben, soll aufgezeigt werden, wo sie in den internationalen Finanzbeziehungen bisher überhaupt verwendet worden sind. In diesem Zusammenhang ist zunächst festzustellen, daß sich die Sonderziehungsrechte als Rechenmittel im Internationalen Währungsfonds sehr stark durchgesetzt haben. Ein großer Teil der Verrechnungen erfolgt dort inzwischen auf der Basis von Sonderziehungsrechten. Als Rechenmittel finden Sonderziehungsrechte zunehmend auch Verwendung in Verträgen und Abkommen offizieller internationaler Institutionen bzw. Organisationen. So werden inzwischen Finanzvereinbarungen in folgenden Bereichen auf Sonderziehungsrechts-Basis durchgeführt[2]:

— Internationaler Luft- und Seeverkehr
— Internationaler Eisenbahnverkehr
— Internationaler Postverkehr
— Internationaler Telekommunikationsdienst
— Internationale Organisationen wie Europäische Gemeinschaften, OECD, African Development Bank.

Darüber hinaus werden Sonderziehungsrechte als Rechenmittel und Wertaufbewahrungsmittel auch im privaten Bereich verwendet. Fast alle europäischen Großbanken sowie einige amerikanische Banken bieten ihren Kunden die Möglichkeit, auf Sonderziehungsrechte lautende

[2] Vgl. Gold, Joseph, SDRs, Gold and Currencies, S. 26 ff.

Depositenkonten zu eröffnen oder Kredite in der Werteinheit von Sonderziehungsrechten aufzunehmen. Sowohl für die Banken als auch für ihre Kunden handelt es sich hierbei um Versuche. Beide Seiten wollen Erfahrungen mit den Sonderziehungsrechten sammeln. Außer im Bankenbereich finden Sonderziehungsrechte als Rechenmittel auch Verwendung im privaten Nicht-Bankenbereich. So werden Verträge zwischen Inländern und Ausländern hin und wieder dann auf der Basis von Sonderziehungsrechten abgeschlossen, wenn sich eine Einigung über die zugrunde zu legende Währung als schwierig erweist.

Dem Einsatz von Sonderziehungsrechten im privaten Bereich kommt volumenmäßig bisher allerdings nur eine ganz unwesentliche Bedeutung zu. Der wichtigste Grund für die zögernde Verwendung außerhalb offizieller Verträge dürfte darin liegen, daß der Dollar seit Mitte der 70er Jahre wieder eine relativ große Wertstabilität gegenüber zahlreichen anderen Währungen erreicht hat.

b) Sonderziehungsrechte als Rechenmittel

Die Verwendung von Sonderziehungsrechten als Rechenmittel wirft wegen der Änderung der Wechselkurse Probleme auf, sowohl für die internen Abrechnungen des Internationalen Währungsfonds mit seinen Mitgliedern als auch zwischen allen Wirtschaftseinheiten, die Verträge auf der Grundlage von Sonderziehungsrechten abschließen. Im Währungsfonds werden Veränderungen der Wechselkurse gegenüber den Sonderziehungsrechten — zumindest was das Generalkonto anbetrifft — wie folgt berücksichtigt:

Mitgliedsländer, deren Währungen gegenüber den Sonderziehungsrechten eine Abwertung erfahren, müssen zusätzliche nationale Währung einzahlen, während Länder von aufgewerteten Währungen eine Auszahlung erhalten. Die Anpassungen für ein einzelnes Land werden nicht kontinuierlich, sondern immer dann vorgenommen, wenn sein Konto von Transaktionen mit anderen Mitgliedsländern berührt wird. Als Wechselkurs wird bei der Verrechnung der Durchschnittskurs von drei Werktagen vor der Transaktion zugrunde gelegt. Durch die so vorgenommenen Ein- und Auszahlungen bleibt der Wert des Generalkontos unverändert.

Bei der Verwendung von Sonderziehungsrechten als Rechenmittel zwischen internationalen Institutionen oder privaten Wirtschaftseinheiten ergibt sich das Problem festzulegen, in welcher Währung die Zahlung bei Fälligkeit erfolgen und welcher Wechselkurs für die Sonderziehungsrechte vereinbart werden soll. Dieses Problem resultiert daraus, daß Sonderziehungsrechte wegen ihres abstrakten Charakters die

Zahlungsmittelfunktion des Geldes nicht erfüllen. Die endgültige Abwicklung eines in Sonderziehungsrechten abgeschlossenen Vertrages kann natürlich in jeder beliebigen Währung durchgeführt werden. Es kann aber auch alternativ eine Abwicklung in beispielsweise zwei verschiedenen Währungen, wie etwa Deutsche Mark oder Dollar, vertragsmäßig vereinbart werden.

Hinsichtlich des Wechselkurses einer speziellen Währung ist eine Vielzahl von Vereinbarungen möglich: So kann auf den bei Vertragsabschluß oder auf den bei Vertragserfüllung geltenden Kurs gegenüber den Sonderziehungsrechten zurückgegriffen werden, oder es kann ein Durchschnittskurs zur Grundlage des Vertrages ermittelt werden. Bei der Berechnung des Durchschnittskurses wiederum können mehrere unterschiedliche Methoden zur Anwendung gelangen. Die dabei berührten Probleme sind ein weiterer Grund dafür, daß Sonderziehungsrechte außerhalb des Währungsfonds und einiger offizieller Vereinbarungen bislang als Rechenmittel nur wenig Gebrauch gefunden haben.

Bei einem Vertragsabschluß in Sonderziehungsrechten ist zu berücksichtigen, daß ihr Wert auf der Basis eines Standard-Währungskorbs ermittelt wird. Aufgrund dieser Berechnungsmethode führt jede Aufwertung einer Währung, die in dem Währungskorb enthalten ist, zu einer Aufwertung der Sonderziehungsrechte gegenüber allen anderen Korbwährungen. Die Abwertung einer in dem Korb enthaltenen Währung führt dementsprechend zu einer Abwertung der Sonderziehungsrechte gegenüber den Korbwährungen. Zum Beispiel impliziert eine Abwertung des Dollars um 10 % gegenüber allen anderen Korbwährungen bei einem Dollar-Anteil von 33 % eine Abwertung der Sonderziehungsrechte um 3,3 %, während sich der Wert dieser Währungen gegenüber dem Dollar um 6,7 % erhöht. Ähnlich bewirkt eine Aufwertung der Deutschen Mark um 10 % bei einem Anteil von 12,5 % im Korb eine Aufwertung der Sonderziehungsrechte um 1,25 % und eine Abwertung aller Korbwährungen gegenüber der Deutschen Mark um 8,75 %.

Die Wertänderung der Sonderziehungsrechte wird damit in unterschiedlichem Ausmaß von einer prozentual gleichen Änderung des Wertes der jeweiligen Währung in Abhängigkeit von ihrem Anteil am Währungskorb beeinflußt. Die Wertentwicklung der Sonderziehungsrechte bleibt jedoch ebensowenig vorhersehbar wie die Wertentwicklung einer einzelnen Währung. Die Veränderungen des Wertes der Sonderziehungsrechte fallen allerdings wegen der Korbstruktur geringer aus als die Kursschwankungen der meisten Einzelwährungen.

Tabelle 4: **Entwicklung der Wechselkurse der SZR gegenüber 8 Währungen Nationale Währungseinheit pro SZR 1970 - 1979 (Jahresdurchschnittswerte)**

Jahr	US-Dollar	Deutsche Mark	Schweizer Franken	Pfund Sterling	Japanische Yen	Französische Franken	Holländische Gulden	Italienische Lira
1970	1,0000	3,6465	4,3106	,4174	358,15	5,5289	3,6166	627,16
1971	1,00298	3,4924	4,1276	,4104	349,07	5,5268	3,5049	620,20
1972	1,08571	3,4619	4,1467	,4340	329,10	5,4767	3,4846	633,21
1973	1,19213	3,1861	3,7749	,4862	323,33	5,3098	3,3327	695,01
1974	1,20264	3,1122	3,5830	,5142	350,58	5,7846	3,2337	782,13
1975	1,21415	2,9872	3,1341	,5465	360,36	5,2043	3,0708	792,66
1976	1,15452	2,9071	2,8858	,6392	342,37	5,5181	3,0526	960,90
1977	1,16752	2,7108	2,8061	,6689	313,49	5,7365	2,8654	1030,21
1978	1,25200	2,5148	2,2386	,6523	263,51	5,6500	2,7086	1062,52
1979	1,29200	2,3681	2,1482	,6090	283,17	5,4968	2,5919	1073,47

Quelle: IMF, International Financial Statistics; verschiedene Jahrgänge; eigene Berechnungen.

Abbildung 2

Wechselkursentwicklung von SZR gegenüber 8 Währungen

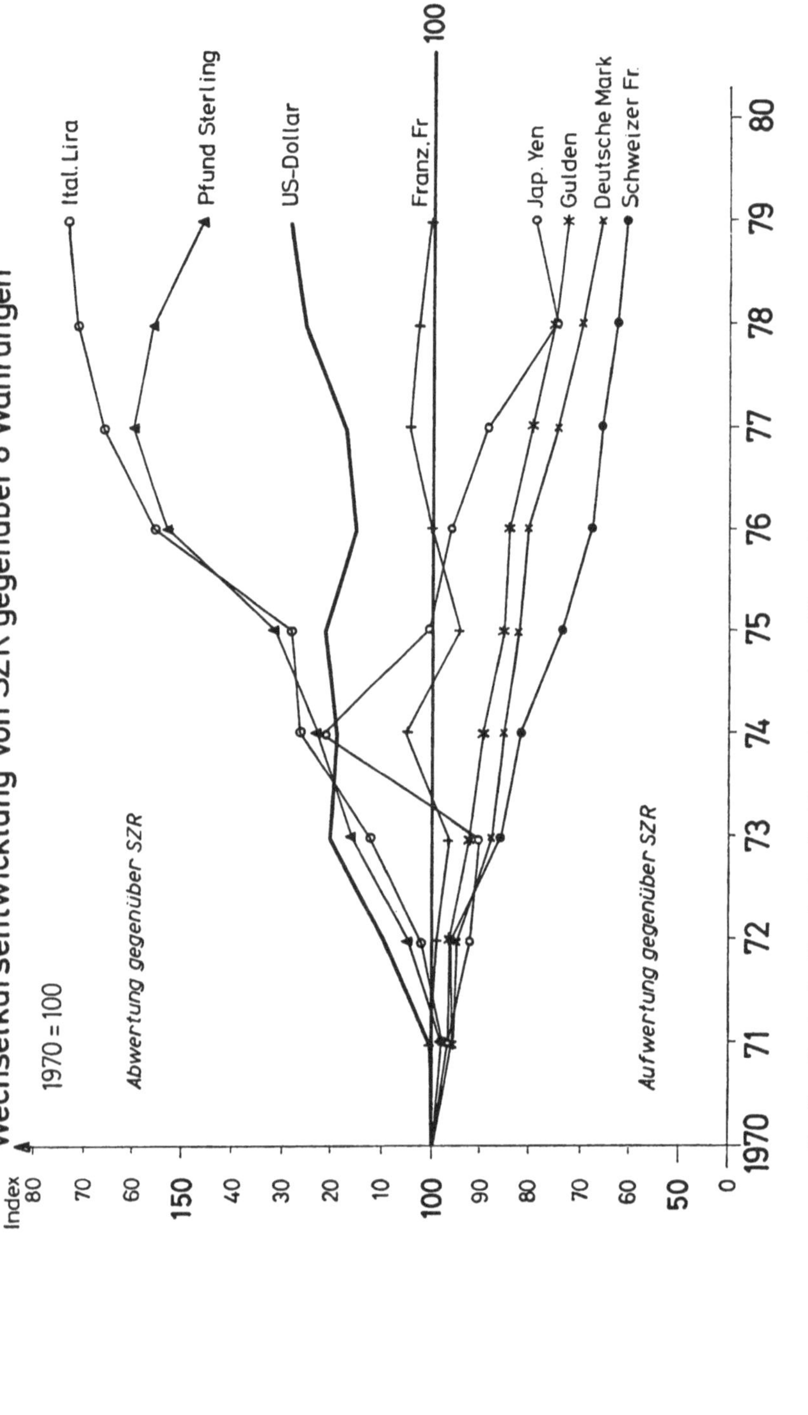

Quelle: Deutsche Bundesbank, Monatsberichte Eigene Berechnungen.

Die Entwicklung des Wechselkurses der Sonderziehungsrechte gegenüber acht wichtigen Währungen wird in Tabelle 4 für die Periode von 1970 - 1979 dargestellt. Die Tabelle zeigt, daß für ein Sonderziehungsrecht im Zeitablauf immer mehr Italienische Lira, Pfund Sterling und Dollar gezahlt werden mußten. Diese Währungen haben sich in der Vergangenheit gegenüber den Sonderziehungsrechten im Trend abgewertet.

Wirtschaftseinheiten in Italien, Großbritannien und den Vereinigten Staaten hätten sich daher meist besser gestanden, wenn sie internationale Verträge auf der Basis von Sonderziehungsrechten anstatt in ihrer eigenen Währung abgeschlossen hätten. Dagegen wäre es für Wirtschaftseinheiten in der Schweiz, der Bundesrepublik Deutschland, den Niederlanden und Japan meist günstiger gewesen, wenn sie in internationalen Verträgen ihre nationalen Währungen statt Sonderziehungsrechte eingesetzt hätten. Diese Währungen haben sich gegenüber den Sonderziehungsrechten im Trend aufgewertet. Eine nahezu neutrale Position gegenüber den Sonderziehungsrechten nimmt der Französische Franken ein. Sein Wert hat sich in den vergangenen zehn Jahren gegenüber den Sonderziehungsrechten kaum verändert.

Die Veränderung des Wertes der Sonderziehungsrechte im Vergleich zu den einzelnen nationalen Währungen kommt deutlich in Abbildung 2 zum Ausdruck. In dieser Abbildung wird die indexmäßige Entwicklung des Wechselkurses der Sonderziehungsrechte gegenüber den acht zuvor genannten Währungen auf der Basis von 1970 = 100 aufgezeigt. Die Abbildung läßt den starken Wertanstieg der Sonderziehungsrechte gegenüber der Italienischen Lira, dem Pfund Sterling und dem Dollar ebenso erkennen, wie ihren Wertverfall gegenüber dem Schweizer Franken, der Deutschen Mark und dem Holländischen Gulden.

c) Sonderziehungsrechte als Wertaufbewahrungsmittel

Wie bereits dargelegt wurde, soll von der Wertaufbewahrungsfunktion der Sonderziehungsrechte immer dann gesprochen werden, wenn mittel- bis langfristige Finanztransaktionen beinhaltende Verträge unter dem Gesichtspunkt der Kaufkraftsicherung statt in nationaler Währung in Sonderziehungsrechten abgeschlossen werden. Die Wertaufbewahrungsfunktion erfüllen Sonderziehungsrechte ebenfalls dann, wenn die Bewertung von Termin- und Spardepositen in dieser Einheit statt in einer nationalen Währung erfolgt oder wenn auf Sonderziehungsrechte lautende Wertpapiere erworben werden.

Vor allem Gläubiger aus Ländern, in denen relativ hohe Inflationsraten erwartet werden, könnten bestrebt sein, Finanzverträge in Son-

Tabelle 5: **Entwicklung der Kaufkraft der Sonderziehungsrechte im Vergleich zu 8 Währungen 1970 - 1979 (Jahresdurchschnittswerte)[a)]**

Jahr	Amerikanischer Dollar	Deutsche Mark	Schweizer Franken	Pfund Sterling	Japanischer Yen	Französischer Franken	Holländischer Gulden	Italienische Lira	Sonderziehungsrechte
1970	100	100	100	100	100	100	100	100	100
1971	,96	,97	,98	,90	,98	,94	,98	,96	,95
1972	,85	,95	,91	,80	,96	,89	,91	,91	,91
1973	,73	,79	,91	,66	,89	,88	,87	,72	,85
1974	,65	,92	,89	,54	,68	,69	,82	,56	,75
1975	,60	,95	,95	,41	,59	,69	,79	,48	,68
1976	,59	,88	102	,30	,56	,59	,73	,31	,63
1977	,55	,92	104	,25	,57	,51	,72	,27	,58
1978	,48	,98	129	,23	,65	,50	,73	,22	,54
1979	,42	,98	127	,22	,57	,45	,74	,19	,50

a) Berechnungsmethode: Wechselkurs nationale Währung pro SZR 1970 dividiert durch Konsumgüterpreisindex (1970 = 100) und multipliziert mit jeweiligem Wechselkurs SZR pro nationale Währung; SZR 1970: dividiert durch gewichteten durchschnittlichen Konsumgüterpreisindex in 8 wichtigen Industrieländern (1970 = 100).

Quelle: Berechnet nach IMF, International Financial Statistics; eigene Berechnungen.

derziehungsrechten zu tätigen, weil diese wegen der gewogenen Durchschnittsbildung eine geringere Wertminderung gegenüber anderen Währungen erfahren als die nationale Währung. Sonderziehungsrechte bieten dann einen relativ besseren Schutz vor Kaufkraftverlusten als die eigene Währung. Umgekehrt ist die Situation dagegen für Wirtschaftseinheiten aus Ländern mit einer unterdurchschnittlichen Inflationsrate. Sie sichern ihre Kaufkraft eventuell besser, wenn sie Verträge in nationaler Währung statt in Sonderziehungsrechten abschließen.

Inwieweit die Verwendung von Sonderziehungsrechten gegenüber der Verwendung nationaler Währungseinheiten inländische Vertragspartner in der Vergangenheit besser oder schlechter gestellt hat, soll anhand der in Tabelle 5 aufbereiteten Zahlen aufgezeigt werden. Dort wird die kaufkraftmäßige Situation einer Wirtschaftseinheit, die Finanzverträge in Sonderziehungsrechten abgeschlossen hat, verglichen mit der Situation einer Wirtschaftseinheit, die Finanzverträge auf nationaler Währung begründete.

Zur Ermittlung der Kaufkraftentwicklung der einzelnen Währungen im Vergleich zu den Sonderziehungsrechten wird die Wertentwicklung eines Sonderziehungsrechts, das 1970 in nationaler Währung verrechnet worden ist, und im Laufe der Zeit wieder in Sonderziehungsrechte zurückgerechnet werden soll, verglichen mit der Wertentwicklung des Sonderziehungsrechts als solchem. Die nationalen Währungen werden hierbei mit dem jeweiligen inländischen Preisniveauindex und das Sonderziehungsrecht mit dem Index des durchschnittlichen Preisniveaus in den wichtigsten Industrieländern deflationiert.

Die in Tabelle 5 aufgeführten Werte machen deutlich, daß auch die Verwendung von Sonderziehungsrechten keinen Schutz vor Kaufkraftverlusten bieten konnte. Dies liegt daran, daß alle Währungen und damit auch die Sonderziehungsrechte in den vergangenen zehn Jahren aufgrund der weltweiten Inflation an Wert verloren haben. Allerdings hat sich die Kaufkraft der Sonderziehungsrechte gegenüber den einzelnen Währungen unterschiedlich entwickelt. Es gibt eine Anzahl von Währungen, die einen geringeren Kaufkraftverlust gehabt haben als die Sonderziehungsrechte, und es gibt solche, deren Kaufkraftverlust größer war als bei den Sonderziehungsrechten. Wie Tabelle 5 zeigt, realisiert z. B. eine Wirtschaftseinheit, die 1970 einen Vertrag auf Dollar-Basis statt in Sonderziehungsrechten abschloß, auf den Dollar-Betrag 1979 in Sonderziehungsrechten verrechnete, einen Kaufkraftverlust in Höhe von 58 %. Hätte dieselbe Wirtschaftseinheit den Vertrag von vornherein in Sonderziehungsrechten abgeschlossen, hätte der Wertverlust lediglich 50 % betragen. Bei Abschlüssen in nationaler

Währung statt in Sonderziehungsrechten hätten ebenfalls Wirtschaftseinheiten aus Italien, Großbritannien und Frankreich Wertverluste erlitten. Im Vergleich zu dem Kaufkraftverlust von 50 % bei Sonderziehungsrechten in der Periode von 1970 - 1979 hätte der Wertverlust bei der Italienischen Lira 81 %, bei dem Pfund Sterling 78 % und bei dem Französischen Franken 55 % betragen. Geringere Kaufkraftverluste als bei Sonderziehungsrechten wären dagegen eingetreten, wenn Verträge in Deutsche Mark (2 % Verlust), Holländische Gulden (26 % Verlust) oder Japanische Yen (43 % Verlust) abgeschlossen worden wären. Bei einem Abschluß in Schweizer Franken wäre in der 10-Jahresperiode sogar ein Kaufkraftgewinn in Höhe von 27 % eingetreten.

In Abbildung 3 werden die in Tabelle 5 errechneten Kaufkraftwerte graphisch dargestellt. Die Abbildung unterstreicht die hervorragende kaufkraftmäßige Entwicklung des Schweizer Franken, die mittlere Position, die die Sonderziehungsrechte selbst einnehmen, und die ungünstige Entwicklung der Italienischen Lira und des Pfund Sterling.

d) Sonderziehungsrechte als Währungsreserve

In ihrer Funktion als Währungsreserve ist mit der Haltung von Sonderziehungsrechten durch die Zentralbanken immer dann ein Zinsertrag verbunden, wenn eine Nettoakquisition vorliegt. In einem solchen Fall hat diese Zentralbank einem anderen Land effektiv einen Kredit in konvertibler Währung gegen die Hingabe von Sonderziehungsrechten zur Verfügung gestellt. Die über die Zuteilungen hinaus akquirierten Sonderziehungsrechte stellen eine zinsbringende Währungsreserve dar. Für die bezogene Zentralbank ist es sicherlich nicht unwichtig, den Ertrag der Sonderziehungsrechte mit dem Ertrag alternativer Währungsreserven zu vergleichen.

Wenn Sonderziehungsrechte ihre Funktion als Währungsreserve erfüllen sollen, muß neben der selektiven Kurssicherheit ihr effektiver Ertrag groß genug sein, um für die Zentralbanken eine attraktive Anlageform darzustellen. Er darf jedoch nicht so hoch ausfallen, daß die Sonderziehungsrechte gehortet, statt dem Bedarf zugeführt werden[3]. Der Ertrag der Sonderziehungsrechte besteht aus dem bei einer Nettoakquisition gezahlten Zins. Dieser Ertrag muß verglichen werden mit dem effektiven Ertrag alternativer Anlageformen, d. h. deren Zins zuzüglich eines Aufwertungssatzes oder abzüglich eines Abwertungssatzes gegenüber den Sonderziehungsrechten.

---

[3] Committee on Reform of the International Monetary System and Related Issues (Committee of Twenty), International Monetary Reform, Documents of the Committee of Twenty, Washington 1974, S. 15.

Abbildung 3

Entwicklung der Kaufkraft der SZR im Vergleich zu 8 Währungen 1970 - 1979

(Jahresdurchschnittswerte)

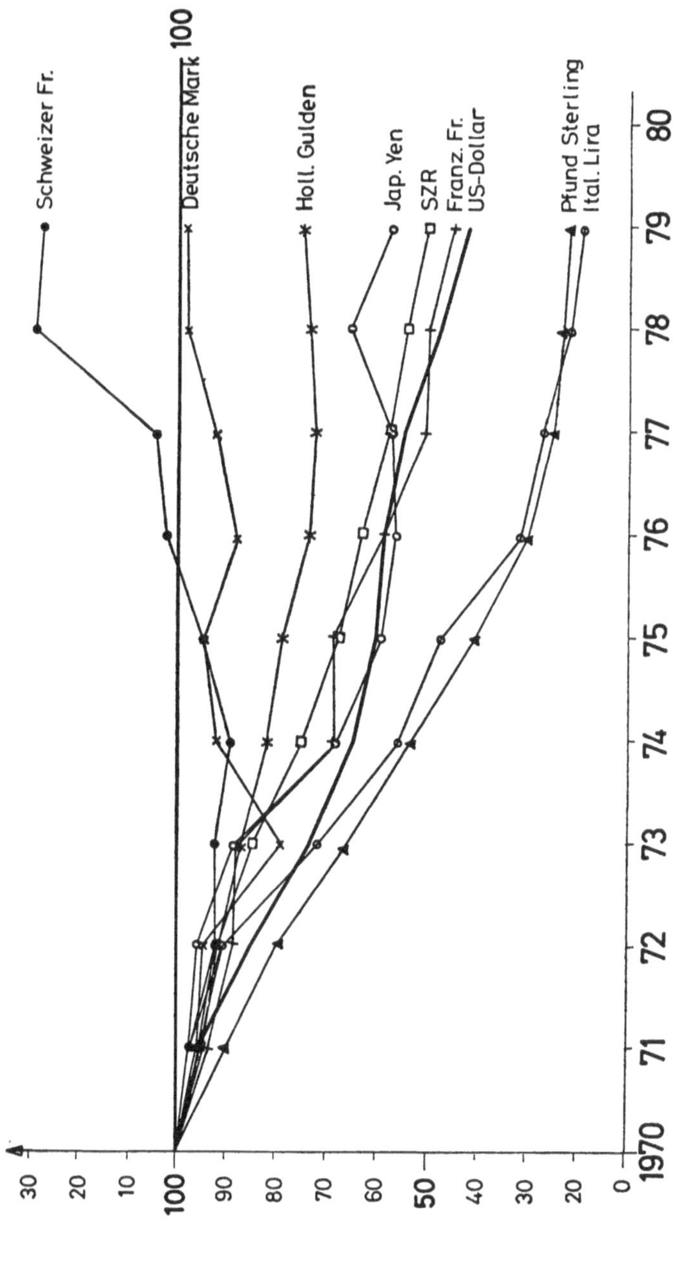

Quelle: Deutsche Bundesbank, Monatsberichte; IMF, International Financial Statistics. Eigene Berechnungen.

Für die Sonderziehungsrechte war in der Anfangsphase von 1970 bis 1974 ein sehr niedriger Zins von 1,5 % festgelegt worden. Ab 1. Juli 1974 wurde der Zins auf 5 % erhöht und anschließend halbjährlich, seit 1. Juli 1976 sogar vierteljährlich, auf der Grundlage des gewogenen Durchschnitts der kurzfristigen Zinssätze in den Vereinigten Staaten, der Bundesrepublik Deutschland, Großbritannien, Frankreich und Japan ermittelt. Das verwendete Ermittlungsschema wird in Tabelle 6 dargestellt. Seit 1. Januar 1979 beträgt der Zins auf Sonderziehungsrechte 80 % (zuvor 60 %) des gewogenen Durchschnittszinses[4] der fünf Länder, wobei eine Abrundung auf jeweils ¼ eines Prozentpunktes vorgenommen wird. Vom gleichen Zeitpunkt an ist auch der bis dahin geltende Einheitszins für Nettogläubiger und Nettoschuldner des Sonderziehungskontos aufgehoben worden. Der Zins für Nettogläubiger (rate of remuneration) liegt nunmehr 10 % unter dem Zins für Nettoschuldner (interest rate on Special Drawing Rights).

Tabelle 6

Gewichtungsschema zur Berechnung des Zinses für Sonderziehungsrechte (Stand 1980)

	Gewicht (in Prozent)
Zins für 3monatige Schatzwechsel in den USA	49
3-Monats-Geldmarktzins in der Bundesrepublik Deutschland	18
Zins für 3monatige Schatzwechsel in Großbritannien	11
3-Monats-Interbankzins in Frankreich	11
Geldmarktzins in Japan	11

Quelle: Direktinformation des International Monetary Fund vom 18. 9. 1980.

Die Zinssätze von Sonderziehungsrechten sowie von acht anderen Währungen und dem Eurodollar sind in Tabelle 7 zusammengestellt. Die Tabelle zeigt, daß Sonderziehungsrechte unter reinen Zinsgesichtspunkten als Währungsreserve in der Vergangenheit weitgehend unattraktiv gewesen sind. Lediglich für Schweizer Franken waren die Zinssätze meist noch niedriger als für Sonderziehungsrechte. Völlig unattraktiv waren die Zinssätze auf Sonderziehungsrechte im Vergleich zum Eurodollar und zum Dollar. Dies dürfte erklären, warum die meisten Zentralbanken Währungsreserven überwiegend in Form von amerikanischen Staatsschuldtiteln und in Form von Dollar-Depositen bei den Euro-Banken halten.

[4] Vgl. Tabelle 6.

Tabelle 7: **SZR-Zins, Eurodollarzins und Geldmarktzinssätze in 8 Ländern 1970 - 1979 (Jahresdurchschnittswerte)**

Jahr	SZR	Euro-dollar	USA	BRD	Schweiz	Großbri-tannien	Japan reich	Frank-reich	Holland	Italien
1970	1,50	8,52	6,44	8,65	5,37	7,01	8,29	8,68	7,96	7,73
1971	1,50	6,58	4,34	6,06	3,23	5,57	6,42	5,84	4,85	7,00
1972	1,50	5,46	4,07	4,30	1,83	5,54	4,72	4,95	1,93	6,59
1973	1,50	9,24	7,03	10,19	4,02	9,34	7,16	8,91	6,44	6,92
1974	3,25	11,01	7,87	8,87	5,98	11,37	12,54	12,91	9,20	9,61
1975	4,40	6,99	5,82	4,41	3,48	10,18	10,67	7,92	4,17	10,04
1976	3,70	5,58	4,99	3,89	1,20	11,12	6,98	8,56	7,28	12,66
1977	3,70	6,00	5,27	4,14	2,11	7,68	5,68	9,07	3,80	14,71
1978	3,75	8,73	7,22	3,36	,62	8,51	4,36	7,98	6,24	13,05
1979	6,75	11,96	10,04	5,87	1,31	12,98	5,86	9,04	9,03	13,02

Quelle: **IMF, International Financial Statistics; verschiedene Jahrgänge; Deutsche Bundesbank, Monatsberichte; verschiedene Jahrgänge.**

Neben den Nominalzinsen beeinflussen Veränderungen der Wechselkurse die Erträge auf Währungsreserven. Das mit den Wechselkursänderungen verbundene Risiko kann auch von den Zentralbanken bei ihren Anlageentscheidungen nicht außer acht gelassen werden. Häufig unterliegen gerade Reservewährungen mit hohen Zinssätzen starken Abwertungsrisiken. Diese spiegeln sich auf den Terminmärkten in entsprechenden Depots wider. Durch eine Absicherung über die Terminmärkte können auch Zentralbanken das Wechselkursrisiko ausschalten.

Um einen Vergleich der effektiven Erträge alternativer Währungsreserven mit den Erträgen von Sonderziehungsrechten zu ermöglichen, sind in Tabelle 8 die um die tatsächlichen Aufwertungs- und Abwertungseffekte gegenüber den Sonderziehungsrechten korrigierten kurzfristigen Zinssätze von neun Reservewährungen und die Zinssätze für Sonderziehungsrechte für die Periode von 1970 - 1979 zusammengestellt worden. Die Tabelle zeigt eine erhebliche Schwankung und Streuung der auf Jahresbasis berechneten effektiven Ertragssätze der einzelnen Reservewährungen.

Ein Vergleich dieser Ertragssätze mit den Zinssätzen von Sonderziehungsrechten macht deutlich, daß die Verzinsung von Sonderziehungsrechten trotz ihrer geringen Höhe in manchen Jahren nicht unattraktiv gewesen ist. So gab es Jahre, in denen der effektive Ertrag von Währungsreserven negativ war. In derartigen Jahren wären Sonderziehungsrechte renditemäßig eindeutig günstiger gewesen. Abgesehen hiervon lagen die Zinsen der Sonderziehungsrechte oftmals in der Nähe der effektiven Ertragssätze der wichtigsten Konkurrenzwährungen wie dem Dollar und dem Euro-Dollar. Gegenüber den effektiven Ertragssätzen der meisten Währungen mit starker Aufwertungstendenz wie etwa der Deutschen Mark, dem Japanischen Yen und dem Holländischen Gulden nahmen sich die Zinssätze auf Sonderziehungsrechte dagegen bescheiden aus. Eine Ausnahme bildet hierbei der Schweizer Franken. In einzelnen Jahren lag sein Effektivertrag nahe bei dem Zinssatz auf Sonderziehungsrechte, teilweise sogar darunter.

Es ist somit festzuhalten, daß Sonderziehungsrechte trotz ihres meist geringen Zinssatzes als ertragbringende Währungsreserve in der Vergangenheit nicht generell unattraktiv gewesen sind. In einzelnen Jahren war ihre Rendite höher als die von viel verwendeten Währungen. Mit der 1979 eingeführten stärkeren Anpassung des Zinses an die Zinsentwicklung in weltwirtschaftlich wichtigen Ländern ist eine weitere Voraussetzung für die intensive Nutzung der Sonderziehungsrechte im internationalen Währungssystem geschaffen worden. Im übrigen sollte speziell aus der Sicht der Währungsbehörden ihr nicht in Prozentpunk-

Tabelle 8: **Effektive Ertragssätze auf SZR und kurzfristige Anlagen in 9 alternativen Währungen 1970 - 1979 (Jahresdurchschnittswerte)[a]**

Jahr	SZR	Euro-dollar	US-Dollar	Deutsche Mark	Schweizer Franken	Pfund Sterling	Japanische Yen	Französische Franken	Holländische Gulden	Italienische Lira
1970	1,50	8,52	6,44	15,87	5,43	7,25	8,35	2,35	8,16	7,49
1971	1,50	6,28	4,04	10,29	7,48	7,54	8,96	5,88	7,94	8,11
1972	1,50	−2,79	−4,18	5,17	1,37	7,86	10,44	5,86	2,51	4,49
1973	1,50	−0,87	−3,08	18,16	12,99	7,31	8,91	11,96	10,80	−2,84
1974	3,25	10,13	6,99	11,19	11,06	6,54	4,11	3,97	12,17	−2,93
1975	4,40	6,03	4,86	8,43	16,01	4,89	7,88	17,95	9,21	8,69
1976	3,70	10,49	9,90	6,57	9,12	−11,88	11,97	2,53	7,87	8,57
1977	3,70	4,87	4,14	10,89	4,87	4,19	14,12	5,11	9,93	7,50
1978	3,75	1,49	− ,02	10,59	20,84	−17,57	20,30	9,49	11,71	9,91
1979	6,75	8,76	6,84	11,70	5,35	22,52	−1,60	11,75	13,34	11,99

a) *Berechnungsmethode:* Kurzfristige Zinssätze korrigiert um Abwertungssatz (−) oder Aufwertungssatz (+) gegenüber SZR; eigene Berechnungen.

ten kalkulierbarer Stabilitätseffekt der Sonderziehungsrechte für langfristige Anlagen (vgl. Kapitel II) nicht außer acht bleiben.

2. Wirkung auf den Zahlungsbilanzanpassungsprozeß

a) Ursachen von Zahlungsbilanzungleichgewichten

Im statistischen Sinne sind Zahlungsbilanzen immer ausgeglichen. Ein statistischer Ausgleich muß allerdings nicht bedeuten, daß sich die Zahlungsbilanzen auch im ökonomischen Sinne im Gleichgewicht befinden. Zahlungsbilanzgleichgewicht erfordert, daß bestimmte nach ökonomischen Gesichtspunkten zusammengefaßte Teilbilanzen ausgeglichen sind[5]. Der Saldo derartiger Teilbilanzen läßt sich dann als Maßstab für die Bestimmung eines Zahlungsbilanzungleichgewichts verwenden.

In der tagespolitischen Diskussion wird häufig der Saldo der Leistungsbilanz, also der Bilanz, die die Handelstransaktionen, die Dienstleistungstransaktionen und die Transferzahlungen mit dem Ausland erfaßt, als Meßgröße für das außenwirtschaftliche Ungleichgewicht verwendet. Eine solche Beschränkung auf den Leistungsbilanzsaldo ist insofern ökonomisch unzweckmäßig, als hierbei der Kapitalverkehr völlig außer acht gelassen wird. Vor allem der langfristige Kapitalverkehr kann aber eine stabile Transaktion bedeuten und sollte daher in die Meßgröße zur Beurteilung der außenwirtschaftlichen Position mit einbezogen werden. Wird dies nicht getan, würde ein Land, das international ein gutes Investitionsklima bietet und wegen hoher ausländischer Direktinvestitionen zwangsläufig einen negativen Leistungsbilanzsaldo aufweist, als Zahlungsbilanzdefizitland eingestuft werden. Da eine derartige Zuordnung ökonomisch nicht sinnvoll ist, wird häufig auf die sogenannte Grundbilanz als der Aggregation von Leistungsbilanz und langfristiger Kapitalbilanz zurückgegriffen. Bei ihr tritt allerdings das Problem der statistischen Abgrenzung zwischen kurz- und langfristigem Kapitalverkehr auf.

Vor allem in Systemen fester Wechselkurse wird häufig auch der Saldo der Devisenbilanz, das heißt die Veränderung des Bestands an Währungsreserven, als Kriterium für die Feststellung der Zahlungsbilanzsituation eines Landes herangezogen. Eine Aufstockung der Reserven ist das Ergebnis von Interventionsverpflichtungen der Zentralbank, wenn der Wechselkurs der inländischen Währung am oberen

[5] Vgl. hierzu die Darstellung bei Willms, Manfred, Währung, in: Vahlens Kompendium der Wirtschaftstheorie und Wirtschaftspolitik, München 1980, S. 198.

Interventionspunkt angelangt ist. Diese Situation charakterisiert einen Zahlungsbilanzüberschuß. Umgekehrt ergibt sich ein Abbau der Währungsreserven, wenn der Wechselkurs der inländischen Währung am unteren Interventionspunkt liegt. Eine derartige Konstellation kann als Zahlungsbilanzdefizitsituation bezeichnet werden.

Der Saldo der Devisenbilanz läßt sich auch in einem Währungssystem des managed floating als Indikator für die außenwirtschaftliche Situation eines Landes heranziehen. Ein positiver Saldo der Devisenbilanz, wie er aus Interventionen der Zentralbank zur Verhinderung oder Abschwächung einer Aufwertung der inländischen Währung resultiert, macht deutlich, daß die betreffende Volkswirtschaft Nettoersparnisse an das Ausland abgibt, d. h. eine Zahlungsbilanzüberschußsituation vorliegt. Ein negativer Saldo der Devisenbilanz offenbart demgegenüber, daß das Land in eine Nettoverschuldungsposition geraten ist, was als Zahlungsbilanzdefizitsituation zu bezeichnen ist.

Auch der Saldo der Devisenbilanz sollte nicht losgelöst von den übrigen Teilbilanzen in der Zahlungsbilanz als alleinige Meßgröße für das Zahlungsbilanzungleichgewicht eines Landes herangezogen werden. So kann ein negativer Saldo der Devisenbilanz entweder darauf zurückzuführen sein, daß das betreffende Land netto Güter importiert oder daß es netto Kapital exportiert. Im ersten Fall baut es seine Vermögensposition gegenüber dem Ausland ab, im zweiten Fall baut es sie auf. Der zweite Fall läßt sich kaum als Situation eines Zahlungsbilanzdefizitlandes bezeichnen.

In der Regel läuft der Abbau von Währungsreserven in einem Land parallel mit einer Zunahme der kurzfristigen Neuverschuldung und der Aufbau von Währungsreserven parallel mit einem Abbau der kurzfristigen Neuverschuldung. Dies zeigt, daß neben der Devisenbilanz auch die Bilanz des kurzfristigen Kapitalverkehrs für die Bestimmung eines Zahlungsbilanzdefizits oder -überschusses herangezogen werden sollte. Ein Zahlungsbilanzdefizit liegt demzufolge vor, wenn die Devisenbilanz negativ ist oder ein Nettoimport von kurzfristigem Kapital stattfindet. Wie kommt ein derartiges Zahlungsbilanzdefizit jedoch zustande?

Wird dieser Frage nachgegangen, ist zunächst einmal festzustellen, daß es in einem Währungssystem vollflexibler Wechselkurse ohne tarifäre und nicht-tarifäre Handelshemmnisse ein Zahlungsbilanzungleichgewicht nicht geben kann. In einem derartigen System kommt die vermutete oder tatsächliche Schwächung der Leistungskraft einer Volkswirtschaft im Vergleich zu anderen Volkswirtschaften in einer Abwertung seiner Währung zum Ausdruck.

Die Entwicklung der Leistungskraft einer Volkswirtschaft kann das Ergebnis einer Vielzahl von Faktoren sein. So wird die Leistungskraft geschwächt durch eine mit einer überzogenen Sozial- und Lohnpolitik verbundenen Verringerung der Arbeitsproduktivität und einem Nachlassen der Innovationsfähigkeit der Volkswirtschaft. Die Leistungskraft einer Volkswirtschaft kann sich aber auch durch die weltweite Verknappung und Verteuerung wichtiger Rohstoffe verringern, über die andere Länder verfügen, das eigene Land aber nicht. Die Veränderung derartiger Wirtschaftsfaktoren ist allerdings langfristiger Natur. Sie bestimmt daher die Trendentwicklung des realen Austauschverhältnisses der Währungen der einzelnen Volkswirtschaften. Diesem Trend kann allenfalls kurzfristig durch wirtschaftspolitische Maßnahmen entgegengewirkt werden.

In einem Währungssystem fester Wechselkurse wird die Trendentwicklung des Wechselkurses häufig nicht so klar deutlich. Eine Trennung zwischen langfristiger und kurzfristiger Entwicklung, und damit eine Unterscheidung zwischen fundamentalem und vorübergehendem Ungleichgewicht der Zahlungsbilanz, wird nahezu unmöglich. Die Entwicklung zum langfristigen Gleichgewichtswechselkurs wird vor allem durch Interventionen der Zahlungsbilanzüberschußländer verdeckt. Wegen eines anhaltenden Aufkaufs von Devisen durch diese Länder sind einzelne Defizitländer oftmals lange Zeit in der Lage, die erforderliche Umorientierung ihrer Binnenwirtschaftspolitik zu verzögern. Leitwährungsländer können zudem häufig relativ lange und in großem Ausmaß Zahlungsbilanzdefizite realisieren. Ein wirtschaftliches Problem erwächst dann daraus, daß sich sowohl in den Überschußländern als auch in den Defizitländern die Produktionsstrukturen dem ungleichgewichtigen Wechselkurs anpassen und die Umorientierung der Wirtschaftspolitik immer schwieriger werden lassen. Systeme fester Wechselkurse oder quasi-fester Wechselkurse haben daher die Tendenz, Ungleichgewichtssituationen zu perpetuieren und zu verstärken.

Abweichungen vom Gleichgewichtskurs in Systemen fester Wechselkurse haben selbstverständlich die gleichen wirtschaftlichen Ursachen wie Aufwertungen oder Abwertungen in einem Währungssystem vollflexibler Wechselkurse. Plötzlich auftretende Ungleichgewichte ergeben sich in Systemen fester Wechselkurse vor allem durch eine voneinander abweichende Geld- und Fiskalpolitik der einzelnen Länder. Länder, die das Wachstum ihrer Geldmenge stärker ausdehnen als andere Länder, entfalten auf den internationalen Märkten eine vergrößerte Güternachfrage. Sie können hierdruch auf der einen Seite zu einer weltweiten Stimulierung der Güterproduktion beitragen. Auf der anderen Seite steigt aber auch ihre Absorption, und ihr Leistungsbilanzsaldo wird negativ. Gehen diese Länder wegen des Zahlungsbilanzdefizits zu einer restriktiven Geld- und Fiskalpolitik über, kann sich hierdurch die weltweite Nachfrage und damit auch die weltweite Güterproduktion verringern.

Durch das Vorhandensein von Währungsreserven läßt sich ein derartiger restriktiver Anpassungsprozeß für einige Zeit verhindern oder zumindest abschwächen. Währungsreserven dienen von ihrer Idee her dazu, die Zahlungsbilanzrestriktionen zu lockern und die Umkehr von einer extrem expansiven Geld- und Fiskalpolitik zu einer extrem restriktiven Geld- und Fiskalpolitik zu verhindern. Sie stellen somit auf der einen Seite ein Instrument zur Verringerung des Zahlungsbilanzanpassungsdrucks und zur Erhöhung der Stabilität in der Weltwirtschaft dar. Auf der anderen Seite bewirkt die zu großzügige Bereitstellung von Währungsreserven eine Vernachlässigung der Zahlungsbilanzdisziplin durch viele Länder und fördert damit letztlich nur weltweite inflationäre Prozesse.

b) Wirkung auf Überschußländer

Durch die Zuteilung von Sonderziehungsrechten erhalten die Mitgliedsländer der Sonderziehungsrechts-Abteilung des Internationalen Währungsfonds kostenlos internationale Liquidität. Im Gegensatz zum Erwerb anderer Arten internationaler Liquidität wie Reservewährungen, Gold oder Ziehungsrechten des Währungsfonds brauchen sie hierfür keinen Transfer von Einkommen oder Vermögen an andere Länder oder internationale Institutionen vorzunehmen. Die Zuteilung erfolgt in Anlehnung an die Quoten des Währungsfonds und entspricht damit tendenziell der relativen Wirtschaftskraft der einzelnen Länder. Sie wird unabhängig von der Zahlungsbilanzsituation der einzelnen Länder vorgenommen.

Bei der Beurteilung der Wirkung der Sonderziehungsrechte auf die Zahlungsbilanzüberschußländer ist zwischen der Wirkung der Zuteilung und der Wirkung der Verwendung zu unterscheiden. Die Zuteilung als solche dürfte das Verhalten der meisten Überschußländer kaum beeinflussen. Dafür sind die Zuteilungen im Verhältnis zu den übrigen Währungsreserven bisher quantitativ zu gering gewesen. Außerdem ist zu berücksichtigen, daß die meisten Zahlungsbilanzüberschußländer ihre Wirtschaftspolitik nicht an der Realisierung eines bestimmten Bestands an Währungsreserven orientieren. Die Akkumulation von Währungsreserven ist in der Regel das Ergebnis einer im Verhältnis zu anderen Ländern disziplinierteren Geld- und Fiskalpolitik bzw. der Verwirklichung für eine niedrigere Inflationsrate (Bundesrepublik Deutschland, Schweiz, Japan) oder das Ergebnis einer beträchtlichen Verbesserung der terms of trade aufgrund einer überproportionalen weltweiten Verteuerung von im Inland produzierten Gütern (erdölexportierende Länder). Lediglich für den Fall, daß ein bestimmter Bestand an Währungsreserven Zielgröße der Wirtschaftspolitik wäre und dieser Bestand durch eine Neuzuteilung von Sonderziehungsrechten überschritten werden würde, könnte sich aus der Zuteilung von Sonderziehungsrechten eine Veränderung des Verhaltens eines Überschußlandes ergeben. In einem solchen Fall wäre ein Übergang von einer restriktiven zu einer expansiven Geld- und Fiskalpolitik möglich. Der Eintritt dieses Falls dürfte allerdings relativ unwahrscheinlich sein.

Ein stärkerer Einfluß auf das Verhalten von Zahlungsbilanzüberschußländern könnte dagegen von der Designierung von Sonderziehungsrechten durch den Währungsfonds ausgehen. Die Statuten des Internationalen Währungsfonds sehen vor, daß vorrangig Länder mit hohen Beständen an Währungsreserven zur Bereitstellung von konvertiblen Währungen gegen Hingabe von Sonderziehungsrechten herangezogen werden sollen. Auf diese Weise werden auch die Zahlungsbilanzüberschußländer am Zahlungsbilanzanpassungsprozeß beteiligt.

Wollen diese Länder der Designierung entgehen, müssen sie eine Wirtschaftspolitik betreiben, bei der sich geringere Bestände an Währungsreserven ergeben. Der Anreiz zu einer solchen Wirtschaftspolitik ist um so größer, je unattraktiver die Sonderziehungsrechte vor allem zinsmäßig ausgestattet sind. Sind die Zinssätze der Sonderziehungsrechte erheblich niedriger als die von alternativen Reservewährungen, werden die Überschußländer versuchen, nicht zur Designierung herangezogen zu werden. Unter diesem Gesichtspunkt könnten die Sonderziehungsrechte zu einer Verbesserung des Zahlungsbilanzanpassungsmechanismus beitragen.

Neben der Designierung besteht noch die Möglichkeit der Verwendung der Sonderziehungsrechte auf freier vertraglicher Basis. Überschußländer könnten den hiermit gegebenen Spielraum nutzen, um zur Stabilisierung der Wechselkurse in einem Währungssystem des managed floating beizutragen. Wollen sie zum Beispiel einer nicht gewünschten Aufwertungstendenz ihrer Währung entgegenwirken, könnten sie anderen Ländern inländische Währung gegen die Hergabe von Sonderziehungsrechten zur Verfügung stellen. Die Verwendung von Sonderziehungsrechten zur Währungsstabilisierung hat für die Überschußländer den Vorteil eines geringeren Wechselkursrisikos. Würde ein Überschußland eigene Währung gegen die Währung eines abwertungsverdächtigen Landes abgeben, wäre der Wertverlust immer höher als bei Sonderziehungsrechten, deren Wert aus einem Währungskorb errechnet wird.

c) *Wirkung auf Defizitländer*

Zahlungsbilanzdefizitländer sind sicherlich mehr an der Zuteilung von Sonderziehungsrechten interessiert als Überschußländer. Für sie bedeutet die Zuteilung und die damit verbundene Möglichkeit zur Beschaffung von Reservewährungen zumindest kurzfristig eine Abschwächung des zahlungsbilanzbedingten Anpassungsdrucks. Sie können den Übergang von einer expansiven zu einer restriktiven Geld- und Fiskalpolitik hinauszögern bzw. die inländische Absorption durch eine weniger restriktive Politik, als sie sonst erforderlich wäre, zurückdrängen. Die Zuteilung von Sonderziehungsrechten versetzt sie in die Lage, zur Abschwächung des außenwirtschaftlichen Anpassungsdrucks keine Kredite oder weniger Kredite auf den internationalen Kapitalmärkten aufnehmen zu müssen. Sie umgehen hierbei die mit einer solchen Kreditaufnahme verbundene Kreditwürdigkeitsprüfung durch internationale Banken oder Bankenkonsortien. Außerdem haben die über den Einsatz von Sonderziehungsrechten zur Verfügung gestellten Devisen für sie den Vorteil einer niedrigeren Verzinsung gegenüber Krediten, die sie auf internationalen Geld- und Kapitalmärkten aufnehmen müßten.

Defizitländer werden durch die Sonderziehungsrechte darüber hinaus in die Lage versetzt, eine nicht gewünschte Abwertungstendenz ihrer Währung abzufangen. Dies ist dadurch möglich, daß sie sich konventionelle Währung gegen die Hingabe von Sonderziehungsrechten beschaffen und die so erlangten Devisen dazu benutzen, eigene Währung zur Kursstützung aus dem Markt zu nehmen. Die Beschaffung von Devisen zum Zweck der Kursstützung dürfte hierbei in erster Linie über freie Verträge zwischen einzelnen Ländern erfolgen als durch Designierung von seiten des Internationalen Währungsfonds. Ohne Sonderziehungsrechte würde es den Defizitländern schwerer fallen, konvertible Reservewährungen zur Kursstützung zu erhalten. Sie müßten dann den Gläubigerländern gegenüber umständliche Sicherheitsleistungen erbringen und hätten außerdem einen höheren Zins zu zahlen. Das Vorhandensein der Sonderziehungsrechte erleichtert also auch diesbezüglich den Anpassungsprozeß. Für Zahlungsbilanzdefizitländer bieten Sonderziehungsrechte somit nur Vorteile. Sie erhalten über dieses Instrument relativ unkompliziert, billig und schnell Devisen, die ihnen auf das Realeinkommen drückende Zwänge des Zahlungsbilanzanpassungsprozesses zu vermeiden oder hinauszuschieben helfen.

Ein fundamentales Ungleichgewicht der Zahlungsbilanz kann mit den Sonderziehungsrechten allerdings nicht abgefangen bzw. beseitigt werden. Hierzu war das Volumen der bisher zugeteilten Sonderziehungsrechte nicht groß genug. Zur Finanzierung einer langfristig zu hohen

Absorption ausländischer Güter sind die Sonderziehungsrechte nicht geeignet und auch nicht eingeführt worden. Vielmehr sind sie von vornherein als Instrument zur Überwindung kurzfristiger Zahlungsbilanzprobleme konzipiert worden. In den Statuten des Währungsfonds findet dies in den Regelungen über die Rekonstitutionspflicht seinen Niederschlag. Die Rekonstitutionspflicht soll gewährleisten, daß die Defizitländer die Sonderziehungsrechte nicht zur dauerhaften Finanzierung einer allzu ambitiösen Wirtschaftspolitik einsetzen. Die Rekonstitutionspflicht ist für die Defizitländer ein ähnlich ausgewogenes Instrument zur Zahlungsbilanzdisziplin wie die Designierungspflicht für die Überschußländer.

d) Bisheriger Einsatz

Der Einsatz der Sonderziehungsrechte zur Finanzierung von Zahlungsbilanzdefiziten und zur Stabilisierung von Wechselkursen hat seit ihrer Einführung volumenmäßig stark zugenommen. Die Inanspruchnahme der Sonderziehungsrechte unterlag im Zeitablauf allerdings großen Schwankungen. Dies galt sowohl für Transaktionen durch Vereinbarung als auch für Transaktionen durch Designation. In der Gesamtperiode seit Einführung der Sonderziehungsrechte sind Transaktionen durch Vereinbarung quantitativ allerdings von größerer Bedeutung gewesen als Transaktionen durch Designation. Mittels freiwilliger Vereinbarungen erfolgten von 1970 bis 1980 Transaktionen im Gesamtwert von 5,5 Mrd. Sonderziehungsrechten, während mittels Designation ein Betrag von 4,6 Mrd. Sonderziehungsrechten abgewickelt wurde.

Für die einzelnen Jahre sind die Transaktionen in Tabelle 9 dargestellt. Aus der Tabelle geht hervor, daß die Transaktionen auf der Grundlage von Vereinbarungen in den Jahren 1978 (927 Mill. SZR) und 1979 (1533 Mill. SZR) besonders umfangreich waren. Die freiwilligen Transaktionen des Jahres 1978 betrafen dabei in erster Linie Sonderziehungsrechte, die von seiten der Bundesrepublik Deutschland (753 Mill. SZR), den Niederlanden (92 Mill. SZR) und Kanada (81 Mill. SZR) abgegeben wurden[6]. Empfänger waren 30 verschiedene Länder, darunter als größte Italien mit 467 Mill. SZR und Australien mit 100 Mill. SZR. Abgabeländer der Sonderziehungsrechte waren ausschließlich Nettoakquisiteure und die Empfängerländer fast ausschließlich Nettoschuldner. Mit den Transaktionen wurde beabsichtigt, eine ausgewogenere Relation zwischen Zuteilungen und Beständen an Sonderziehungsrechten bei den Teilnehmerländern der Sonderziehungsrechts-Abteilung zu erreichen.

---

[6] Vgl. zu diesen und den folgenden Ausführungen die jeweiligen Jahresberichte des Internationalen Währungsfonds.

Tabelle 9: **Transfer von Sonderziehungsrechten zwischen Teilnehmerländern und Währungsfonds 1971 - 1980 (Mill. SZR jeweils per 30. 4.)**

	1971	1972	1973	1974	1975	1976	1977	1978	1979	1980
Transfer durch Teilnehmer an andere Teilnehmer										
Vereinbarung	286	380	303	996	249	176	317	927	1553	362
Designation	348	267	117	60	440	292	119	398	1080	1372
an Währungsfonds										
Rückkauf	357	501	68	29	24	440	73	844	502	994
Zinsen und Gebühren	66	30	30	29	92	354	709	801	715	553
Transfer durch Währungsfonds an Teilnehmer										
Kauf	—	—	293	7	4	443	25	662	1106	1283
Rekonstitution	—	46	107	157	117	404	445	474	75	5
Zinsen	18	15	2	20	6	10	24	122	136	140
Bestand an Sonderziehungsrechten im Generalkonto	490	910	617	499	510	461	771	1371	1290	1407

Quelle: IMF, Annual Report 1980, S. 124.

Das im Jahre 1979 freiwillig vereinbarte Transaktionsvolumen war mit Abstand das höchste seit Bestehen der Sonderziehungsrechts-Abteilung. Auch hier waren es wie im Jahr zuvor einige wenige Länder, die große Posten von Sonderziehungsrechten abgaben. So übertrugen die Vereinigten Staaten 1100 Mill. SZR an die Bundesrepublik Deutschland und Japan, um sich Deutsche Mark und Japanische Yen zur Kursstabilisierung des Dollars zu beschaffen. Die Niederlande gaben 190 Mill. SZR ab, wovon allein 100 Mill. SZR zur Begleichung von Verpflichtungen dienten, die im Rahmen von Devisenmarktinterventionen innerhalb des Europäischen Währungssystems entstanden waren. Empfänger der Sonderziehungsrechte waren wieder etwa 30 verschiedene Länder. Die Empfängerländer benötigten die Sonderziehungsrechte, um ihren Rekonstitutionsverpflichtungen nachzukommen oder um Zahlungsverpflichtungen gegenüber dem Währungsfonds zu erfüllen.

Die Transaktionen durch Designation erfuhren vor allem in den Jahren 1979 (1080 Mill. SZR) und 1980 (1372 Mill. SZR) eine beträchtliche Ausdehnung. 1979 wurden 37 Länder, darunter 17 nicht-ölexportierende Entwicklungsländer, vom Währungsfonds designiert, konvertible Währungen gegen Sonderziehungsrechte zur Verfügung zu stellen. Unter den Ländern, die Devisen abgeben mußten, befanden sich Großbritannien (335 Mill. SZR), Italien (122 Mill. SZR), Frankreich (113 Mill. SZR) und Indien (89 Mill. SZR). Die von den designierten Ländern abgegebenen konvertiblen Währungen wurden an insgesamt 32 Länder, und zwar ausnahmslos Entwicklungsländer, übertragen. Im Jahre 1980 wurden insgesamt 47 Länder zur Abgabe von konvertiblen Währungen designiert. Die wichtigsten designierten Länder waren auch hier wieder Großbritannien (355 Mill. SZR), Italien (154 Mill. SZR) und Frankreich (144 Mill. SZR). Designierte Länder waren darüber hinaus Saudi Arabien mit 102 Mill. SZR und Indien mit 101 Mill. SZR. Die über die Designation zur Verfügung gestellten konvertiblen Währungen erhielten wiederum überwiegend Entwicklungsländer, wobei Jugoslawien (313 Mill. SZR) und die Philippinen (149 Mill. SZR) die größten Empfängerländer waren.

Neben dem freiwilligen und zwangsweisen Transfer von Sonderziehungsrechten an andere Teilnehmer des Kontos werden von den Mitgliedern auch umfangreiche Transaktionen mit dem Generalkonto des Währungsfonds vorgenommen. Diese betreffen auf der einen Seite Rückkäufe von geborgten Währungen sowie Zinszahlungen und Gebühren und auf der anderen Seite Übertragungen von Sonderziehungsrechten durch den Währungsfonds an die Mitgliedsländer aufgrund von Portfolio-Überlegungen des Währungsfonds und zur Erfüllung der Rekonstitutionspflicht. Darüber hinaus werden aus dem Generalkonto

Tabelle 10: **Bestand an Sonderziehungsrechten in Prozent der Zuteilungen nach Ländergruppen 1970 - 1980 (Jahresendwerte)**

	1970	1971	1972	1973	1974	1975	1976	1977	1978	1979	1980
Industrialisierte Länder	105	108	106	107	107	108	107	99	95	98	75
Ölexportierende Länder	62	49	80	82	90	83	87	100	128	139	110
Europäische Entwicklungsländer	27	36	47	63	68	58	43	26	20	21	7
Afrikanische Länder	64	44	50	62	67	46	45	40	43	44	14
Mittelöstliche Länder	7	29	39	59	38	25	33	45	34	21	16
Mittel- und südamerikanische Länder	78	63	58	65	70	56	52	63	73	94	63

Quelle: **IMF, International Financial Statistics; verschiedene Jahrgänge.**

die Zinszahlungen für die Nettoakquisiteure von Sonderziehungsrechten vorgenommen.

Für das einzelne Land kommt das Ausmaß des freiwilligen oder designierten Einsatzes der Sonderziehungsrechte in dem Verhältnis seiner Bestände an Sonderziehungsrechten gegenüber den Zuteilungen zum Ausdruck. In der Regel dürften Länder mit günstiger Zahlungsbilanzposition Bestände an Sonderziehungsrechten halten, die die Zuteilungen überschreiten, während Länder mit ungünstiger Position Bestände halten, die geringer sind als die Zuteilungen.

Für Ländergruppen, wie sie in den International Financial Statistics seit 1980 ausgewiesen werden, wird die Entwicklung der Bestände von Sonderziehungsrechten als Prozentanteil an den Zuteilungen für die Periode von 1970 - 1980 in Tabelle 10 aufgezeigt. Die Tabelle macht die in den 70er Jahren erfolgte Stärkung der Zahlungsbilanzsituation der ölexportierenden Länder und die Schwächung der Zahlungsbilanzsituation der übrigen Ländergruppen deutlich. So gerieten die ölexportierenden Länder, nachdem sie, als Gruppe gesehen, lange Zeit eine Nettoschuldner-Position im Sonderziehungsrechtskonto eingenommen hatten, ab 1977 in eine Nettogläubiger-Position. Die Gruppe der Industrieländer dagegen wechselte etwa zur gleichen Zeit von einer Nettogläubiger-Position, die sie seit Bestehen der Sonderziehungsrechts-Abteilung innegehabt hatte, zu einer Nettoschuldner-Position.

Alle anderen Gruppen hatten nie eine Nettogläubiger-Position erreicht. Für sie gab es lediglich bessere oder schlechtere Schuldnerpositionen. Für alle diese Gruppen galt in etwa, daß sie ihre Nettoschuldner-Position im Sonderziehungsrechtskonto zu Beginn der 70er Jahre langsam verbessern konnten. Als Folge der ersten kräftigen Ölpreiserhöhung verschlechterte sich ihre Schuldnerposition dann allerdings ab Mitte der 70er Jahre. Nach der leichten Verbesserung gegen Ende der 70er Jahre trat mit der zweiten drastischen Ölpreisverteuerung im Jahre 1980 dann bei fast allen Ländergruppen eine erhebliche Verschlechterung ihrer Schuldenposition ein. Die Länder benutzten die zugeteilten Sonderziehungsrechte im Jahre 1980 in einem nie zuvor gekannten Ausmaß, um Zahlungsbilanzdefizite zu finanzieren. Es gibt inzwischen eine große Zahl von Entwicklungsländern, vor allem in Afrika, die ihre Zuteilungen an Sonderziehungsrechten voll eingesetzt haben und über keinerlei Bestände mehr verfügen.

Bei den Währungen, die gegen die Hingabe von Sonderziehungsrechten eingetauscht wurden, handelt es sich ganz überwiegend um Dollar[7]. Dies gilt insbesondere für Transaktionen per Designation. Bei

---

[7] Vgl. International Monetary Fund, Annual Report 1980, S. 129.

den Transaktionen durch freiwillige Vereinbarungen ist der Dollar-Anteil nicht ganz so hoch. Hier haben Deutsche Mark, Französischer Franken und Japanischer Yen in dem Gesamtzeitraum seit Bestehen der Sonderziehungsrechts-Abteilung auch eine gewisse Rolle gespielt.

3. Wirkung auf den Inflationsprozeß

a) Geldmenge und Inflation

Über die Ursachen der Inflation gibt es eine Vielzahl konkurrierender Erklärungsansätze[8]. Sie reichen von ökonomischen Theorien bis zu politischen Theorien. Bei den ökonomischen Theorien lassen sich zwei wichtige Gruppen, die ihrerseits wieder aus unterschiedlichen Ansätzen bestehen, unterscheiden. Es sind dies die nicht-monetären Inflationstheorien und die monetären Inflationstheorien.

Die nicht-monetären Theorien erklären die Inflation aus autonomen Erhöhungen einzelner Nachfrage (Verwendungs)komponenten des Volkseinkommens oder aus einer das Preisniveau beeinflussenden Veränderung des Preissetzungsverhaltens der Anbieter von Gütern und Faktorleistungen. In diesen Ansätzen wird davon ausgegangen, daß die Finanzierung des Preisanstiegs sich automatisch vollzieht. Es wird implizit unterstellt, daß das Geldangebot entweder eine endogene Variable des ökonomischen Prozesses ist, oder daß sich die Geldnachfrage durch Veränderung der Umlaufsgeschwindigkeit der jeweiligen Inflationsrate anpaßt. Die Geldpolitik wird somit nicht für die Inflation verantwortlich gemacht, und damit wird ihr zur Bekämpfung der Inflation auch keine Bedeutung beigemessen.

Die monetären Inflationstheorien gehen demgegenüber davon aus, daß die Wachstumsrate der Geldmenge entscheidend ist für die Bestimmung der Inflationsrate. Hierbei wird der direkte Zusammenhang zwischen Geldmengenwachstum und Inflationsrate durchaus nicht als fest vorgegeben angesehen. Vielmehr wird postuliert, daß sich bei einer Beschleunigung der Wachstumsrate der Geldmenge erst mit einer Wirkungsverzögerung von meist drei bis vier Quartalen ein Anstieg der Inflationsrate einstellt. Die Höhe der Inflationsrate hängt nicht nur von der Wachstumsrate der Geldmenge, sondern auch von der Wachstumsrate des realen Sozialprodukts ab. Je höher das reale Wirtschaftswachstum eines Landes ausfällt, desto niedriger ist bei gegebenem

[8] Zu einer Übersicht über die wichtigsten Inflationstheorien vgl. Cassel, Dieter, Inflation, in: Vahlens Kompendium der Wirtschaftstheorie und Wirtschaftspolitik, S. 234 ff.

monetären Expansionspfad die Inflationsrate. Die monetäre Inflationstheorie läßt sich in der folgenden einfachen Relation ausdrücken:

$$\text{Inflationsrate} = \begin{array}{c}\text{Wachstumsrate} \\ \text{der Geldmenge}\end{array} \;./.\; \begin{array}{c}\text{Wachstumsrate des} \\ \text{realen Sozialprodukts}\end{array}$$

Bei dieser Gleichung wird unterstellt, daß die Einkommens-Umlaufsgeschwindigkeit des Geldes konstant ist und die Elastizität der Geldnachfrage in bezug auf das reale Sozialprodukt eins beträgt. Es ist klar, daß es sich hierbei nur um eine langfristige oder im Durchschnitt über eine längere Zeitperiode geltende Beziehung handeln kann. Als eine solche Beziehung wird die Gleichung und die ihr zugrunde liegende Inflationstheorie inzwischen auch mehr und mehr akzeptiert.

Die Geldmenge selbst wird in diesem Ansatz bei entsprechender außenwirtschaftlicher Absicherung als eine von den monetären Instanzen steuerbare Variable angesehen. Dies bedeutet nicht, daß sie nicht auch von anderen Wirtschaftseinheiten wie den Geschäftsbanken oder dem Publikum beeinflußt werden kann. Es bedeutet lediglich, daß die monetären Instanzen in der Lage sind, einen dominanten Einfluß auf die Geldmenge auszuüben und sie zu kontrollieren, soweit sie dies wollen.

In modifizierter Form, aber mit gleichem Aussagegehalt, wird die monetäre Inflationstheorie auch zur Erklärung der Weltinflation herangezogen[9]. Als Theorie der Weltinflation geht der monetäre Erklärungsansatz davon aus, daß es im Prinzip keinen Unterschied gibt zwischen dem Inflationsphänomen in einer geschlossenen Volkswirtschaft und dem Inflationsphänomen in einer Weltwirtschaft mit festen Wechselkursen. Dieselben Kräfte, die die Inflationsraten in den Teilregionen einer geschlossenen Volkswirtschaft bestimmen, determinieren auch die Inflationsraten in den Mitgliedsländern eines Währungssystems mit festen Wechselkursen.

Eine zentrale Aussage der monetären Theorie der Weltinflation ist, daß sich die Inflationsraten in den einzelnen Mitgliedsländern mittel- bis langfristig genauso wenig voneinander entfernen können wie die Inflationsraten in den Teilregionen einer geschlossenen Volkswirtschaft. Letztendlich bildet sich eine einheitliche Weltinflationsrate heraus. Voraussetzung hierfür ist allerdings neben dem Bestehen fester Wechselkurse eine freie Konvertibilität der Währungen sowie das Vorhandensein reaktionsfähiger Güter- und Finanzmärkte. Die Arbitrage auf diesen Märkten führt dann zu einem einheitlichen Weltpreisniveau. Die Tendenz zu einer Anpassung der Preisniveaus läßt sich durch die Exi-

[9] Vgl. Claassen, Emil Maria, Weltinflation, München 1978.

stenz diverser Handelsschranken, das Vorhandensein nicht-handelsfähiger Güter, einer unvollkommenen Preisarbitrage oder Versuche zu einer Neutralisierungspolitik von seiten der Zentralbanken für eine Weile abschwächen, jedoch nicht endgültig aufhalten.

Die sich in einem System fester Wechselkurse langfristig herausbildende einheitliche Inflationsrate wird durch die Wachstumsrate der Weltgeldmenge im Vergleich zur Wachstumsrate des realen Weltsozialproduktes bestimmt. Es stellt sich daher die Frage, welche Faktoren die Weltgeldmenge determinieren und ob die Einführung der Sonderziehungsrechte zu dem starken Wachstum der Weltgeldmenge seit Beginn der 70er Jahre und der seither beobachteten Weltinflation oder zur Inflation in einzelnen Ländern beigetragen hat.

b) *Währungsreserven, Sonderziehungsrechte und Geldmenge*

Von Veränderungen des Bestands an Währungsreserven gehen direkte und indirekte Effekte auf die Weltgeldmenge aus. Veränderungen der Währungsreserven beeinflussen damit auch den weltweiten Inflationsprozeß[10].

Da die Weltgeldmenge nichts anderes ist als die Summe der Geldmengen der einzelnen Volkswirtschaften, stellt sich die Frage, ob und auf welche Weise Währungsreserven auf die nationale Geldmenge einwirken. Grundsätzlich kommt es zu Veränderungen der Geldmenge einer Volkswirtschaft durch Veränderungen der internationalen Komponente der monetären Basis, d. h. des Bestands an Währungsreserven bei der Zentralbank, durch Veränderungen der nationalen Komponente der monetären Basis, d. h. des Volumens der Zentralbankkredite an die inländische Regierung und das inländische Bankensystem sowie durch Veränderungen des Geldschöpfungsmultiplikators[11]. Soweit die Währungsreserven aus Gold und Devisen bestehen, beeinflußt eine Veränderung ihres Bestands direkt die inländische Geldmenge. Zunahmen des Devisenbestands sind stets — und Veränderungen des Goldbestands meist — das Ergebnis von Devisenmarktinterventionen der Zentralbank.

In einem System fester Wechselkurse resultieren die Interventionen der Zentralbank aus der Verpflichtung zur Stabilisierung des Kurses innerhalb der vereinbarten Bandbreiten. In einem System des managed floating ergeben sich Devisenmarktinterventionen und Geldmengeneffekte aus der Wechselkursstrategie der Zentralbank. Will die Zentral-

---

[10] Vgl. Heller, H. Robert, International Reserves and World-Wide Inflation, in: International Monetary Fund, Staff Papers, Vol. 23 (1976), S. 63.

[11] Vgl. Siebke, Jürgen und Willms, Manfred, Theorie der Geldpolitik, S. 114 - 144.

bank zum Beispiel unter dem Gesichtspunkt einer Verbesserung oder Erhaltung der Wettbewerbsfähigkeit der Exportindustrie einer Aufwertungstendenz der inländischen Währung entgegenwirken, muß sie Devisen aus dem Markt nehmen. Dies geschieht, indem sie ausländische Währung mit inländischem Zentralbankgeld aufkauft. Hierdurch steigt ihr Devisenbestand und die Geldmenge erhöht sich.

Währungsreserven können die inländische Geldmenge also sowohl in einem System fester Wechselkurse als auch in einem System des managed floating beeinflussen. Der Unterschied zwischen den beiden Systemen besteht lediglich darin, daß die Wachstumsrate der inländischen Geldmenge eines kleinen Landes in einem System fester Wechselkurse eindeutig durch das Ausland — und hier vor allem durch das Leitwährungsland — determiniert wird, während die Geldpolitik beim managed floating stärker auf binnenwirtschaftliche Erfordernisse zugeschnitten werden kann. Bei dem letzten System sind die quantitativen Auswirkungen der Devisenmarktintervention auf die inländische Geldmenge eher zu begrenzen als in einem System fester Wechselkurse.

Im Gegensatz zum Ankauf von Gold und Devisen führt die Zuteilung von Sonderziehungsrechten nicht automatisch zu einem Anstieg der inländischen Geldmenge. Von der Zuteilung her gesehen, stellen Sonderziehungsrechte nur einen Durchlaufposten in der Zentralbankbilanz dar. Werden die zugeteilten Sonderziehungsrechte von keinem Land in Anspruch genommen, ergibt sich auch keine Erhöhung der Weltgeldmenge. In diesem Fall können die Sonderziehungsrechte auch nicht zu einer Inflationierung der Weltwirtschaft beitragen[12]. Die Verlängerung der Zentralbankbilanz ist dann geldmengenneutral.

Das vereinfachte Schema einer solchen Bilanz wird in Abbildung 4 a für den Zwei-Länder-Fall dargestellt. Hierbei wird angenommen, daß beide Länder die gleiche Aktivastruktur der Zentralbankbilanz aufweisen. Die Abbildung macht deutlich, daß die Zuteilung der Sonderziehungsrechte die nationale Geldmenge nicht erhöht. Diese wird nach wie vor allein von dem Bestand an Gold und Devisen und von den Krediten an inländische Geschäftsbanken und den Staat bestimmt.

Während die Zuteilung der Sonderziehungsrechte somit eindeutig nicht inflationär wirkt, können von ihrem Einsatz durchaus inflationäre Effekte ausgehen[13]. Insgesamt sind drei verschiedene Wirkungsweisen des Einsatzes der Sonderziehungsrechte zu unterscheiden.

---

[12] Vgl. Neumann, Manfred J. M., Special Drawing Rights and Inflation, in: Weltwirtschaftliches Archiv, Bd. 109 (1973), S. 236.

[13] Vgl. auch Neumann, Manfred J. M., Special Drawing Rights and Inflation, S. 238 ff.

Abbildung 4

Wirkung von Zuteilung und Einsatz der Sonderziehungsrechte auf Zentralbankbilanzen und Geldschöpfung

Defizitland | Überschußland

(a) Zuteilung von Sonderziehungsrechten

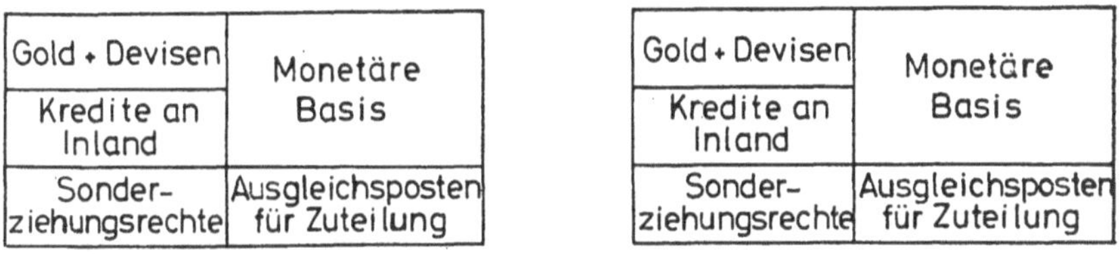

(b) Ziehung von ausländischer Währung

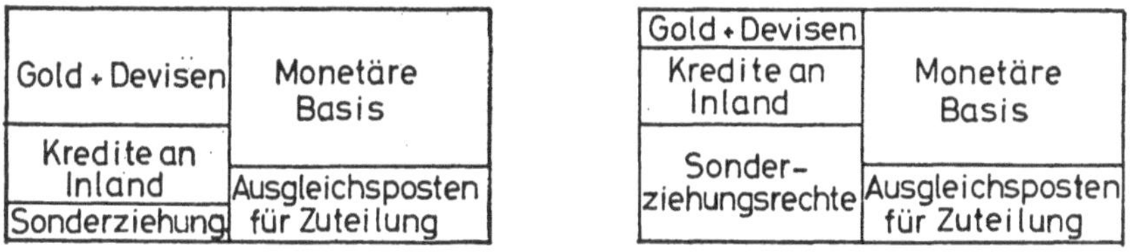

(c) Ziehung von inländischer Währung

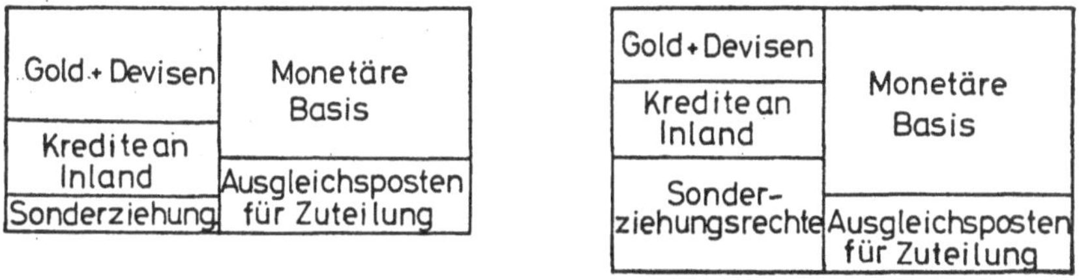

Die erste Möglichkeit betrifft den Fall, daß ein Zahlungsbilanzdefizitland Sonderziehungsrechte einsetzt, um sich von einem anderen Land Devisen zu beschaffen. In diesem Fall stellt die Zentralbank des designierten Landes der Zentralbank des Defizitlandes Devisen gegen die Hingabe von Sonderziehungsrechten zur Verfügung. In den Zentralbankbilanzen beider Länder findet ein Austausch von Aktiva statt. Nach Durchführung der Transaktion verfügt das Defizitland über weniger Sonderziehungsrechte und mehr Devisen und das andere Land über mehr Sonderziehungsrechte und weniger Devisen. In keinem der beiden Länder hat eine Bilanzverlängerung und Geldschöpfung stattgefunden. Die kontenmäßige Darstellung dieses Falles ist in Abbildung 4 b wiedergegeben.

Die geschilderte Transaktion hat weder zu einer Erhöhung des Bestands an Währungsreserven noch zu einer Erhöhung der Weltgeldmenge geführt. Von ihr gehen daher auch keine inflationären Impulse aus. Voraussetzung für diese Aussage ist allerdings, daß das Defizitland die gegen die Hingabe von Sonderziehungsrechten erworbenen Devisen nicht dazu benutzt, eine übermäßig expansive Geldpolitik in Form einer entsprechenden Ausdehnung der inländischen Komponente der Geldschöpfung einzuleiten oder fortzuführen.

Die zweite Möglichkeit des Einsatzes von Sonderziehungsrechten durch ein Defizitland besteht darin, sich Währung des designierten Landes zu beschaffen. In diesem Fall stellt die Zentralbank des bezogenen Landes eigene Währung gegen die Hingabe von Sonderziehungsrechten zur Verfügung. Im Zahlungsbilanzdefizitland findet wie zuvor ein Aktivtausch Sonderziehungsrechte gegen fremde Währung statt. Im anderen Land führt der Erwerb von Sonderziehungsrechten jedoch zu eine Bilanzverlängerung und zu einer Erhöhung der Geldmenge. Währungsreserven, inländische Geldmenge und Weltgeldmenge haben sich dann durch den Einsatz der Sonderziehungsrechte erhöht. Damit steigt auch die Güternachfrage in der Welt an. Die Nachfrageexpansion im Defizitland wird nicht mehr wie zuvor durch einen Nachfragerückgang des Überschußlandes neutralisiert. Dieser Fall kann schon von der Primärwirkung her inflationäre Effekte auslösen. Die kontenmäßige Darstellung ist in Abbildung 4 c wiedergegeben.

Die dritte Möglichkeit der Wirkung des Einsatzes der Sonderziehungsrechte besteht in ihrer indirekten Beeinflussung der Weltgeldmenge und der Weltinflation. Diese Wirkung resultiert daraus, daß Zahlungsbilanzdefizitländer in der Zurverfügungstellung von Sonderziehungsrechten eine günstige Gelegenheit erblicken, den Übergang zu einer restriktiven Geldpolitik weiter hinauszuschieben. Ohne Sonderziehungsrechte müßten derartige Länder eine inflationäre Geldpolitik abbrechen, sobald ihre Gold- und Devisenbestände erschöpft sind, oder sie müßten eine entsprechende Abwertung ihrer Währung in Kauf nehmen. Die Sonderziehungsrechte erlauben ihnen dagegen, sich für einige Zeit relativ problemlos zusätzliche Devisen zu beschaffen und die inflationäre Binnenwirtschaftspolitik fortzusetzen. Da in vielen Ländern die Umkehr von einer verfehlten Wirtschaftspolitik zu einer Wirtschaftspolitik des ökonomisch langfristig Machbaren häufig auf den Widerstand politisch starker Interessengruppen, vor allem der Gewerkschaften, stößt und daher schwer durchzusetzen ist, könnte durch die Sonderziehungsrechte weltweit die Tendenz verstärkt werden, die notwendigen Anpassungsmaßnahmen nicht vorzunehmen. Die Existenz der Sonderziehungsrechte könnte dann über diesen Effekt der Verringerung der Zahlungsbilanzdisziplin zu einer Erhöhung der Weltinflationsrate beitragen[14].

c) *Quantitative Bedeutung*

Die Wirkung der Sonderziehungsrechte auf die Weltinflationsrate läßt sich schwer exakt quantifizieren. Dies liegt zum einen daran, daß die Beziehung zwischen Währungsreserven und Weltinflation wenig genau berechenbar ist und erheblichen Zeitverzögerungen unterliegt[15], und zum anderen daran, daß eine Erhöhung des Bestands an Sonderziehungsrechten zwar zu einer Ausdehnung der Währungsreserven, aber nicht unbedingt zu einer Ausdehnung der Weltgeldmenge führt.

Die Währungsreserven sind in den 70er Jahren im Vergleich zu den 60er und den 50er Jahren extrem stark angestiegen. Ausgedrückt in Sonderziehungsrechten betrug die durchschnittliche Wachstumsrate in den 50er Jahren 2,3 %, in den 60er Jahren 3,1 % und in den 70er Jahren 15 %. Im letztgenannten Jahrzehnt ist das Wachstum der Währungsreserven fast ausschließlich auf Devisenreserven und hier wieder vor allem auf den Anstieg amerikanischer Auslandsschulden zurückzuführen gewesen. Der Devisenbestand stieg von 45 Mrd. SZR im Jahre 1970 auf 246 Mrd. SZR im Jahre 1979. Demgegenüber erhöhte sich die Reserveposition der Mitgliedsländer beim Internationalen Währungsfonds in derselben Periode lediglich von 7,7 Mrd. SZR auf 11,8 Mrd. SZR. Bei den Sonderziehungsrechten gab es in der betrachteten 10-Jahresperiode trotz einer zuteilungsfreien Zeit von 1972 - 1978, also von insgesamt 7 Jahren, einen Anstieg von 3,1 Mrd. 1970 auf 13,3 Mrd. 1979.

---

[14] Vor diesen Wirkungen wird vor allem gewarnt von Meyer, Fritz W., Sonderziehungsrechte für Sonderinteressen, in: Ordo, Bd. 21 (1970), S. 135 und Rueff, Jacques, Die Währungssünden der westlichen Welt, Frankfurt 1972, S. 17 ff.

[15] Für die Periode von 1950 - 1974 wurde eine durchschnittliche zeitliche Verzögerung zwischen der Veränderung der Währungsreserven und der Weltinflationsrate von etwa 3½ bis 4½ Jahren ermittelt. Vgl. Heller, H. Robert, International Reserves and World-Wide Inflation, S. 80.

Abbildung 5

Entwicklung der Internationalen Währungsreserven 1970-1979

- In Mrd. SZR (Jahresendwerte) -

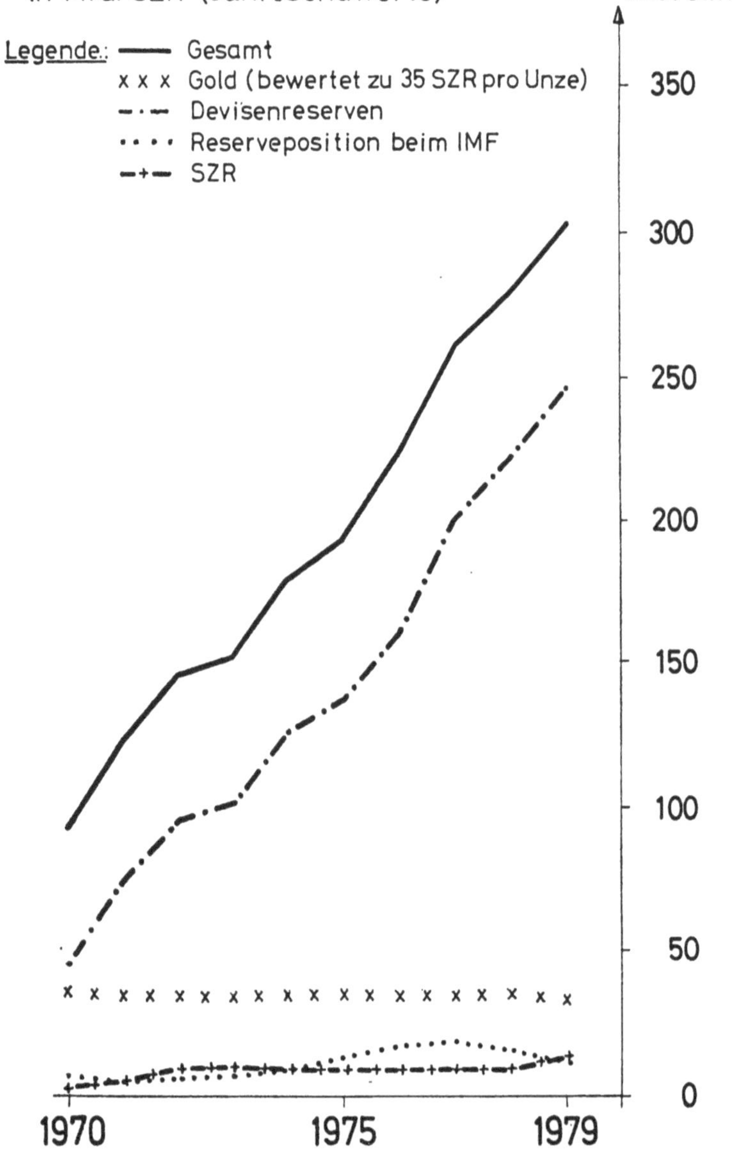

Quelle: IMF, International Financial Statistics.

Die entsprechenden Entwicklungen sind in Abbildung 5 deutlich zu erkennen. Die Abbildung zeigt neben dem dramatischen Wachstum der Währungsreserven in den 70er Jahren auch den grundlegenden Wandel, der sich in der Zusammensetzung der Reserven vollzogen hat. Sie offenbart auf den ersten Blick den geringen Beitrag, den die Sonderziehungsrechte zum Wachstum der Währungsreserven in der Welt geleistet haben. Dieser Beitrag lag in der betrachteten 10-Jahresperiode bei insgesamt 4,8 % des Reservewachstums. Ohne die Zuteilung von Sonderziehungsrechten wäre der Reservezuwachs um 13,3 Mrd. SZR niedriger ausgefallen. Trotzdem hat sich der Anteil der Sonderziehungsrechte an den Währungsreserven von 3,3 % im Jahre 1970 auf 4,4 % im Jahre 1979 erhöht.

Aus den vorliegenden Zahlen kann nicht ermittelt werden, um welchen Prozentsatz die Weltinflationsrate ohne die Einführung der Sonderziehungsrechte niedriger ausgefallen wäre. Hierzu müßte der Beitrag der Sonderziehungsrechte zur Erhöhung der Weltgeldmenge festgestellt werden können. Vor allem wegen der indirekten Effekte auf die Geldschöpfung in den einzelnen Ländern ist dies unmöglich. Aber auch die direkten Effekte auf die Geldmenge in den bezogenen Überschußländern lassen sich aus den Statistiken kaum errechnen. Hierzu wäre es erforderlich, daß die Nettoakquisiteure von Sonderziehungsrechten offenlegen, wieviel des Gegenwerts sie für die freiwillig oder per Designation aufgenommenen Sonderziehungsrechte in Form von Devisen und wieviel sie in Form von inländischer Währung bereitgestellt haben.

Die Bundesrepublik Deutschland zählte in den 70er Jahren zu den Nettoakquisiteuren von Sonderziehungsrechten. Inwieweit diese Nettoakquisition zur Ausdehnung der inländischen Basisgeldmenge beigetragen hat, läßt sich nicht genau ermitteln, weil ein Teil der Ziehungen in fremden Währungen erfolgt ist. Wird hiervon einmal abgesehen und unterstellt, daß die Nettoakquisition von Sonderziehungsrechten allein gegen die Hingabe von inländischer Währung erfolgt ist, ergibt sich für die Bundesrepublik Deutschland im Betrachtungszeitraum von 1970 bis 1980 ein zusätzlicher Anstieg der Wachstumsrate der Basisgeldmenge von durchschnittlich 2,2 % pro Jahr. Ohne die Einführung der Sonderziehungsrechte hätte die Wachstumsrate der Basisgeldmenge in der Bundesrepublik Deutschland in den 70er Jahren also um 2,2 % niedriger gelegen. Die Zahlen in Tabelle 11 zeigen allerdings, daß der Beitrag der Sonderziehungsrechte zum Wachstum der Basisgeldmenge von Jahr zu Jahr erheblich variiert hat. Am höchsten war er im Jahre 1973. Ab 1977 ist der Beitrag negativ, d. h. die Bundesrepublik Deutschland hat ihre Position als Nettoakquisiteur abgebaut.

Tabelle 11: **Einfluß der Sonderziehungsrechte auf die Basisgeldmenge in der Bundesrepublik Deutschland 1970 - 1980 (Mill. DM; Jahresendwerte)**

Jahr	Bestand an SZR	Ausgleichsposten für zugeteilte SZR	Nettoakquisition von SZR	Basisgeldmenge	Beitrag der SZR zum Wachstum der Basisgeldmenge (v. H.)
1970	943	738	205	69 500	0
1971	1 663	1 364	299	77 700	1,1
1972	2 812	1 855	957	88 300	6,2
1973	4 468	1 746	2 722	95 400	25,9
1974	4 248	1 600	2 648	101 200	— 1,3
1975	4 454	1 665	2 789	111 400	1,4
1976	4 796	1 489	3 307	120 000	6,0
1977	3 008	1 387	2 621	131 900	— 5,8
1978	3 284	1 292	1 992	143 200	— 5,6
1979	3 595	1 749	1 846	150 400	— 2,0
1980	3 903	2 257	1 646	159 400	— 2,2

Quelle: **Deutsche Bundesbank, Monatsberichte; verschiedene Jahrgänge.**

IV. Ausbau der Sonderziehungsrechte durch ein Substitutionskonto

1. Pläne zur Errichtung eines Substitutionskontos

a) Problem des Dollarüberhangs

Die währungspolitische Situation des Dollar hat sich seit Beginn der 50er Jahre grundlegend gewandelt. War der Dollar nach Ende des Zweiten Weltkriegs eine vielbegehrte Mangelwährung und sahen Wissenschaftler und internationale Organisationen sich daher veranlaßt, die ausreichende Versorgung der Weltwirtschaft mit Dollar zum Gegenstand ihrer Aufmerksamkeit zu machen, hat sich in der Zwischenzeit eine umgekehrte Konstellation eingestellt: Die Akkumulation von Dollarbeständen außerhalb der Vereinigten Staaten als Folge der Finanzierung wachsender Zahlungsbilanzdefizite hat den Dollarüberhang zu einem Problem für die internationale Währungsordnung werden lassen. Das vor allem seit Mitte der 60er Jahre zu beobachtende chronische amerikanische Zahlungsbilanzdefizit hat der Befürchtung eines anhaltenden Wertverfalls des Dollars Auftrieb gegeben und damit bei vielen Zentralbanken den Wunsch entstehen lassen, Devisenreserven in einer weniger abwertungsverdächtigen Währung zu halten.

Der Wertverfall des Dollar seit Ende der 60er Jahre und in den 70er Jahren hat in den einzelnen Ländern zu einem starken Drang zur Diversifizierung der Währungsreserven geführt. Die Bereitschaft, aufgrund von Wechselkurserwartungen starke Umschichtungen in den Währungsreserven vozunehmen, hat zur Verstärkung von Wechselkursschwankungen geführt und damit häufig binnenwirtschaftlich unerwünschte wirtschaftspolitische Entwicklungen ausgelöst.

Vor ein Dilemma sehen sich insbesondere solche Länder gestellt, deren Währung plötzlich in die Rolle einer internationalen Reservewährung gedrängt wird: Ihre Wirtschaftspolitik stünde dann vor der Wahl, entweder eine reale Aufwertung ihrer Währung hinzunehmen, oder den über die reale Entwicklung hinausgehenden Wechselkursanstieg mit Hilfe massiver Interventionen zu bremsen. Mit einer solchen Interventionspolitik wäre das Risiko einer inflatorischen Aufblähung der inländischen Geldmenge verbunden. Um eine derartige Entwicklung zu verhindern, hat der Internationale Währungsfonds Pläne zur Konsolidierung des Dollarüberhangs mittels eines Substitutionskontos entwickelt. Ziel eines solchen Kontos ist es in erster Linie, eine Zentralisierung der Währungsreserven beim Internationalen Währungsfonds durch eine Erhöhung des Anteils von Sonderziehungsrechten an den Währungsreserven zu erreichen. Das bedeutet letztlich nichts anderes, als Dollar-Forderungen in einen Einlagefonds zu bringen. Die Ideen zu einem solchen Plan lassen sich bis auf die von Keynes im Jahre 1943 gemachten Vorschläge zur Schaffung einer internationalen Clearing-Union zurückverfolgen.

Anderthalb Jahre nach der ersten Zuteilung von Sonderziehungsrechten und kurz nach dem Beschluß der Vereinigten Staaten, die Goldkonvertibilität des Dollar aufzuheben, wurde 1971 bei der jährlichen Vollversammlung des Internationalen Währungsfonds beschlossen, durch die Einrichtung eines Substitutionskontos einen Schritt zur Konsolidierung des Dollar-Überhangs durch eine Zentralisierung der Dollar-Reserven beizutragen. 1972 wurde in einer Studie des Internationalen Währungsfonds die Errichtung eines Substitutionskontos mit der Aufgabenstellung befürwortet, daß dieser ermächtigt werden soll, von Mitgliedsländern Reservewährungen gegen Sonderziehungsrechte aufzukaufen.

Der Plan löste Meinungsverschiedenheiten darüber aus, wie in Zukunft die traditionellen Reservewährungsländer, hauptsächlich die Vereinigten Staaten, ihre Zahlungsbilanzdefizite zu reduzieren und ihre kurzfristigen Dollarverbindlichkeiten zu konsolidieren hätten. Um diese Streitpunkte eingehender zu untersuchen, wurde im Juli 1972 vom Gouverneursrat des Internationalen Währungsfonds ein Ausschuß von zwanzig Mitgliedern gegründet, dem die Aufgabe gestellt war, Pläne und Vorschläge zur Lösung dieses Problems im Rahmen des internationalen Währungssystems zu entwickeln.

b) Vorschläge der Zwanziger-Gruppe

Im Juni 1974 legte die Zwanziger-Gruppe dem Internationalen Währungsfonds ihren abschließenden Bericht vor[1]. In diesem Bericht schlug der Ausschuß zur Verbesserung der Funktionsfähigkeit des internationalen Währungssystems unter anderem die Einrichtung eines Substitutionskontos in der Form vor, wie es bereits 1971 vorgeschlagen worden war. Durch diesen Vorschlag sollte nochmals die Absicht bekräftigt werden, daß das Sonderziehungsrecht langfristig im internationalen Zahlungsverkehr die Rolle eines allseitig zu verwendenden

[1] Committee on Reform of the International Monetary System and Related Issues (Committee of Twenty), S. 7.

Rechenmittels und Wertaufbewahrungsmittels erfüllen sollte. Daher wurden seitens der Zwanziger-Gruppe auch zwei flankierende Maßnahmen vorgeschlagen: Die Verzinsung der Sonderziehungsrechte sollte sich an einem durchschnittlichen internationalen Marktzins orientieren. Zur Verringerung der Kursschwankungen sollte der Wert des Sonderziehungsrechts in einem Währungskorb aus mehreren ausgewählten Währungen definiert werden.

Im Juli 1974 wurden diese zwei ergänzenden Vorschläge, die die Attraktivität des Sonderziehungsrechts als Anlagemittel erhöhen sollten, in die Realität umgesetzt. Die Einrichtung eines Substitutionskontos wurde jedoch nicht beschlossen. Der Hauptgrund hierfür dürfte darin gelegen haben, daß nach der ersten Ölpreiserhöhung von 1973 andere wirtschaftliche Probleme dominierten: Das internationale Währungssystem hatte das Recycling-Problem, die Weltinflation und das Floating zu bewältigen. Unter diesen Umständen erwies sich das Klima zur Errichtung eines Substitutionskontos als nicht günstig.

Im April 1978 hielt der Geschäftsführende Direktor des Internationalen Währungsfonds eine erneute Zuteilung von Sonderziehungsrechten für angebracht. Mit dieser Zuteilung sollte eine psychologische Stärkung der Position des Sonderziehungsrechts als internationale Reserveeinheit erreicht werden. Der Befürchtung, daß dadurch die Weltinflation neuen Auftrieb erhalten könne, sollte durch den Vorschlag zur gleichzeitigen Errichtung eines Substitutionskontos entgegengewirkt werden. In dem Maße, wie ein Land neue Sonderziehungsrechte zugeteilt bekäme, sollte es bestehende andere Reservemedien zum Ausgleich auf das Konto einzahlen. Die gesamte Operation könnte dann liquiditätsneutral durchgeführt werden.

Bei der anschließenden Jahresversammlung des Internationalen Währungsfonds wurde der Vorschlag zur Neuzuteilung von Sonderziehungsrechten zwar angenommen, aber die Errichtung eines Substitutionskontos abgelehnt. Dafür wurde aber beschlossen, die Verzinsung von Sonderziehungsrechten attraktiver zu gestalten.

Als Nachfolgeorganisation der Zwanziger-Gruppe wurde ein sogenannter Interimsausschuß gebildet. Obwohl es gerade dieser Ausschuß war, der 1978 die Errichtung eines Substitutionskontos verworfen hatte, behielt er doch das Thema als Diskussionsgegenstand bei. Viele Mitglieder des Ausschusses glaubten, mit Hilfe eines solchen Kontos folgende Ziele erreichen zu können:

1. Stärkung der Sonderziehungsrechte;
2. Zentralisierung der Währungsreserven;
3. Diversifizierung von Währungsreserven ohne Devisenmarktturbulenzen.

Im März 1979 unterbreitete der Interimsausschuß des Währungsfonds seine Vorschläge, um sie auf der Vollversammlung im Oktober des gleichen Jahres in Belgrad einer Entscheidung zuzuführen.

Auf der Belgrader Vollversammlung mußten die Mitgliedsländer des Währungsfonds auf Vorschläge zur Errichtung eines Substitutionskontos eine Stellungnahme abgeben. Diese Vorschläge umfaßten sowohl allgemeine währungspolitische Vorstellungen über die Wirkungen des Kontos, als auch konkrete, detaillierte technische Pläne zur Abwicklung der Substitutionsgeschäfte. Die Beratungen vor und während der Belgrader Konferenz ließen die nach wie vor stark divergierenden Meinungen zu dem Komplex des Substitutionskontos deutlich werden.

c) Vorschläge der Dreißiger-Gruppe

Die Dreißiger-Gruppe ist eine 1978 gegründete und von der Rockefeller-Stiftung unterstützte Organisation führender Persönlichkeiten, vor allem aus Privat- und Zentralbankkreisen, die sich mit aktuellen Wirtschafts- und Währungsproblemen befaßt. Noch vor der Vollversammlung des Währungsfonds in Hamburg unterbreitete diese Gruppe sehr detaillierte Vorschläge zur Funktionsweise eines von ihr befürworteten Substitutionskontos. Diese Vorschläge sahen folgende Regelungen vor[2]: Die Mitglieder zahlen auf das Konto Währungsreserven, zunächst nur Dollar-Forderungen, ein; dafür werden ihnen auf Sonderziehungsrechte lautende Forderungen an das Konto gutgeschrieben. Die eingezahlten Dollar-Forderungen werden von den Konto-Managern in anderen, auf Dollar lautenden Wertpapieren angelegt. Auf die Forderungen, die die Mitglieder dem Konto gegenüber erwerben, werden Zinsen gezahlt.

Die Dreißiger-Gruppe legt dabei besonders auf folgende Einzelvorkehrungen Wert[3]:

1. die Teilnahme am Konto geschieht auf freiwilliger Basis;
2. eine breite Beteiligung ist notwendig;
3. die Größe des Substitutionskontos sollte etwa ein Drittel der in Sonderziehungsrechten bewerteten Dollar-Reserven umfassen;
4. das Substitutionskonto sollte grundsätzlich marktmäßig operieren. Es sollten Anreize geschaffen werden, damit auch private Anleger Sonderziehungsrechte beim Konto erwerben können und sich Märkte für Wertpapiere, die auf Sonderziehungsrechte lauten, entwickeln können.

[2] Group of Thirty, Towards a Less Unstable International Monetary System: Reserve Assets and a Substitution Account, Washington 1980, S. 7 f.

[3] Group of Thirty, Towards a Less Unstable International Monetary System: Reserve Assets and a Substitution Account, S. 7 f.

Vor allem unter dem letzten Gesichtspunkt müßte die Sonderziehungsanlage attraktiv ausgestattet werden. Zwei Merkmale sind hierbei ausschlaggebend, nämlich der Ertrag und der Liquiditätsstatus. Zu diesen zwei Punkten macht die Dreißiger-Gruppe folgende Vorschläge[4]:

1. der Zinssatz sollte sich nach einem gewichteten Mittel der kurzfristigen Zinssätze auf den wichtigsten Finanzplätzen der Welt richten;
2. die Zinszahlung sollte entweder in Dollar oder in Sonderziehungsrechten erfolgen;
3. die Sonderziehungsrechte sollten nach gegenseitigem Einverständnis frei zwischen den Teilnehmern transferierbar sein;
4. Sonderziehungsrechte sollten auch zwischen privaten und offiziellen Teilnehmern frei transferiert werden können;
5. Forderungen an das Substitutionskonto sollen unbefristeter Natur sein, da ein vorgenommenes Substitutionsgeschäft als permanent zu gelten hat.

Das Einkommens- und Kapitalrisiko will die Dreißiger-Gruppe auf folgende Weise eingrenzen:

1. Das Konto erzielt Zinseinnahmen, indem es die eingezahlten Dollar langfristig anlegt. Die Dreißiger-Gruppe geht davon aus, daß in der Regel die langfristigen Zinsen höher sind als die kurzfristigen. Für Situationen, in denen sich die Relation zwischen kurz- und langfristigen Zinsen umkehrt, sollte dem Substitutionskonto erlaubt werden, kurzfristige Dollaranleihen, notfalls auf dem Euro-Dollarmarkt, aufzunehmen;
2. falls das Substitutionskonto liquidiert werden sollte, sieht die Dreißiger-Gruppe eine „risk-sharing“-Vereinbarung vor. Reichen die Dollarguthaben des Kontos nicht aus, um seine Verbindlichkeiten abzugelten, sollten die Vereinigten Staaten die Hälfte dieses Defizits decken und die anderen Mitglieder anteilsmäßig nach ihrer Guthabenhöhe. Falls bei Auflösung des Kontos ein Überschuß realisiert werden würde, würden die Vereinigten Staaten die Hälfte dieses Überschusses erhalten und die anderen Mitglieder den Rest gemäß ihren Anteilen am Konto;
3. die Solvenz des Kontos könnte von einer Garantieübernahme der Vereinigten Staaten unabhängig gemacht werden, wenn das Konto zur Deckung seiner Verbindlichkeiten das Verfügungsrecht über die restlichen Goldbestände des Internationalen Währungsfonds erhalten würde.

---

[4] Group of Thirty, Towards a Less Unstable International Monetary System: Reserve Assets and a Substitution Account, S. 9.

Diese Vorschläge erwiesen sich auf der Hamburger Vollversammlung des Internationalen Währungsfonds im April 1980 als sehr umstritten.

d) Hamburger Konferenz

Im Vorfeld der Hamburger Tagung des Gouverneursrats des Internationalen Währungsfonds wurden seitens der Teilnehmer die Verhandlungsfronten abgesteckt.

Die Vereinigten Staaten hatten dem Substitutionskonto gegenüber bisher meist eine ablehnende Haltung eingenommen, weil sie befürchteten, größere Anpassungslasten bei außenwirtschaftlichen Ungleichgewichten anderer Länder tragen zu müssen. Im August 1979 signalisierte der Staatssekretär im amerikanischen Finanzministerium jedoch eine positivere Haltung der Vereinigten Staaten[5]. Insbesondere wurden die Vorteile hervorgehoben, die das Substitutionskonto bei der Vermeidung von Währungsturbulenzen haben kann, wie sie im Zuge eines zunehmenden Diversifikationsprozesses auf den internationalen Finanzmärkten auftreten können. Auch die Bundesrepublik Deutschland scheint inzwischen ihre Haltung geändert zu haben, nachdem sie sich der wirtschaftspolitischen Problematik der Deutschen Mark als Reservewährung mehr und mehr bewußt wurde. Die Zustimmung der deutschen Seite wurde 1979 jedoch von der Erfüllung folgender Forderungen abhängig gemacht:

1. Freiwilligkeit der Teilnahme;
2. attraktive Verzinsung;
3. Langfristigkeit des Vorhabens;
4. die im Substitutionskonto gebundenen Dollar sollten die Vereinigten Staaten nicht ermuntern, der Weltwirtschaft neue Dollar-Verbindlichkeiten zuzuführen;
5. Berücksichtigung des Problems möglicher Kapitalverluste.

Bei der Diskussion um die Einführung des Substitutionskontos in Hamburg ergaben sich dann Probleme mit der Abdeckung möglicher Zins- und Kapitalverluste. Die Vereinigten Staaten waren nicht bereit, dem Vorschlag der Dreißiger-Gruppe zur Finanzierung eventueller Zins- und Kapitalverluste zuzustimmen. Die Garantiefunktion sollte nach ihrer Auffassung vollständig von den Goldbeständen des Währungsfonds übernommen werden.

Für eine derartige Regelung war eine Änderung der Statuten erforderlich, die ihrerseits der vorgeschriebenen Mehrheit von 85 % der

[5] Fallon, Padraic, Diversification versus Substitution, in: Euromoney, October 1979, S. 16.

Stimmrechte der 140 Mitgliedsländer des Internationalen Währungsfonds bedurfte. Wollten die Industrieländer ein mit einer Goldgarantie ausgestattetes Substitutionskonto durchsetzen, bedurften sie der Zustimmung der Entwicklungsländer. Diese jedoch machten die Zustimmung von der Erfüllung anderer Forderungen abhängig.

Einen Tag vor der Tagung des Interimsausschusses in Hamburg traf sich dort unter dem Vorsitz des philippinischen Finanzministers die Gruppe der Vierundzwanzig, die bei der Weltbank und dem Währungsfonds die Interessen der Entwicklungsländer wahrnimmt. Die Entwicklungsländer befürchteten mit einer Zustimmung zu dem Substitutionskonto, daß das Konto Dollarbeträge aus den Euro-Kapitalmärkten abziehen könnte und es ihnen somit erschweren würde, sich dort zu refinanzieren. Im einzelnen forderten die Entwicklungsländer die Kopplung der Neuzuteilung von Sonderziehungsrechten an die Entwicklungshilfe, sowie einen leichteren Zutritt zu den Kapitalmärkten. Die Industrieländer dagegen befürchteten, daß ein Eingehen auf diese Forderungen neue weltweite inflationäre Impulse auslösen würde.

In Hamburg konnte daher keine Einigung über die Einführung des Substitutionskontos erzielt werden. Die Errichtung des Kontos wurde zunächst vertagt.

2. Grundschema eines Substitutionskontos

a) Rechtliche Grundlagen

Aus den 1979 und 1980 innerhalb der Gremien des Internationalen Währungsfonds geführten Beratungen sind schließlich konkrete Vorschläge zur Errichtung eines Substitutionskontos hervorgegangen. Danach sollte ein Konto geschaffen werden, auf das Mitgliedsländer des Währungsfonds einen Teil ihres Bestandes an Reservewährungen einzahlen, um für den entsprechenden Betrag Währungsreserven in Form von Sonderziehungsrechten gutgeschrieben zu erhalten. Vorgesehen war ausschließlich eine Teilnahme auf freiwilliger Basis, die auf offizielle Stellen, insbesondere Zentralbanken, beschränkt bleiben sollte. Klarheit bestand auch darüber, daß als Aktiva fast ausschließlich kurz- und mittelfristige amerikanische Staatsschuldtitel in Frage kämen, die sich in großem Ausmaß bei nicht-amerikanischen Zentralbanken befinden. Das Management des Substitutionskontos sollte in Verhandlungen mit der amerikanischen Regierung erreichen, daß ein großer Teil der kurz- bis mittelfristigen Verbindlichkeiten in langfristige Staatsschuldtitel umgewandelt werden würde.

Als Verwalter des Substitutionskontos sollte der Währungsfonds oder eine dem Währungsfonds für diesen Zweck angegliederte neu zu schaffende Institution fungieren. Für den Währungsfonds wäre es rechtlich unproblematisch, das Substitutionskonto selbst zu führen. Die Statuten brauchten zu diesem Zweck nicht geändert zu werden. Als rechtliche Grundlage für die Schaffung des Substitutionskontos kann Artikel V, Abschnitt 2 b herangezogen werden, gemäß dem der Währungsfonds beschließen kann, finanzielle und technische Dienste zu erbringen, die mit seinen Zielen vereinbar sind. Ausdrücklich erwähnt ist hierbei die Verwaltung von Mitteln, die von Mitgliedern zur Verfügung gestellt werden. Die Mittelverwaltung soll über Sonderkonten abgewickelt werden. Die Teilnahme an einem solchen Konto und die Übernahme von Verpflichtungen kann nach Artikel V, Abschnitt 2 b nur mit Zustimmung der Mitglieder erfolgen.

Der Währungsfonds hat auf der Grundlage dieses Artikels bereits im Jahre 1975 ein Konto zur Zinssubventionierung besonders von der Ölpreiserhöhung betroffener Entwicklungsländer (Subsidy Account) und im Jahre 1976 ein Konto zur zusätzlichen Kreditgewährung für besondere Zahlungsbilanzanpassungsmaßnahmen von Entwicklungsländern (Trust Fund) eingerichtet.

Es würde keine Schwierigkeiten bereiten, auf derselben rechtlichen Grundlage auch das Substitutionskonto zu institutionalisieren. Die Schaffung des Kontos ist durch die gegenwärtige Satzung voll abgedeckt. So würde der Hauptzweck des Kontos darin bestehen, die Sonderziehungsrechte zur wichtigsten internationalen Währungsreserve zu machen. Dies ist ein Ziel, das sich voll mit den Intentionen des Währungsfonds deckt. Es ist außerdem völlige Übereinstimmung dahingehend erzielt worden, daß das Substitutionskonto als eigenständiges Konto des Fonds geführt werden sollte. Eine Vermischung mit den übrigen Aktivitäten des Fonds sollte ausgeschlossen bleiben. Auch hier besteht kein Widerspruch zu Artikel V. Schließlich war vorgesehen, daß kein Mitgliedsland gezwungen sein sollte, Beträge in das Substitutionskonto einzuzahlen und Verpflichtungen im Rahmen des Substitutionskontos zu übernehmen, ohne daß es hierzu seine Zustimmung gegeben hätte. Auch dies läßt sich mit dem genannten Absatz von Artikel V vereinbaren.

Bei einem derartig konstruierten Substitutionskonto ist es nicht notwendig, eine gesonderte juristische Institution zu schaffen. Der Währungsfonds würde sowohl die rechnerische als auch die verwaltungsmäßige Abwicklung des Kontos wahrnehmen.

Eine andere Möglichkeit zur Errichtung eines Substitutionskontos bestünde darin, eine juristisch eigenständige Institution zu schaffen, für die der Währungsfonds lediglich als Administrator fungieren würde. In einem solchen Fall würde das Substitutionskonto auf der Grundlage eines internationalen Abkommens zwischen den Teilnehmerländern geschaffen werden. Hierzu wäre die Mitgliedschaft der Vereinigten Staaten unbedingt erforderlich.

Eine weitere Möglichkeit zur organisatorischen Abwicklung eines Substitutionskontos bestünde darin, eine Institution zu schaffen, bei der lediglich eine assoziative Beziehung zum Währungsfonds gegeben ist. Als Beispiel kann auf die Beziehung zwischen der International Development Association (IDA) und der International Finance Corporation (IFC) mit der Weltbank verwiesen werden. Bei einer derartigen Lösung wäre auch organisatorisch die völlige Eigenständigkeit des Substitutionskontos gewährleistet.

Auf ein bisher nicht aufgezeigtes juristisches Problem in bezug auf die Freiwilligkeit der Mitgliedschaft ist jedoch noch hinzuweisen. Gemäß Artikel VIII, Abschnitt 7 ist jedes Mitglied zur Zusammenarbeit mit dem Währungsfonds und mit anderen Mitgliedern verpflichtet. Hiermit soll gewährleistet werden, daß seine eigene Politik in bezug auf die Währungsreserven mit den Zielen des Währungsfonds, nämlich eine bessere Kontrolle der internationalen Liquidität zu erreichen und die Sonderziehungsrechte zum Hauptreservemedium des Währungsfonds zu machen, vereinbar ist. Aus Artikel VIII läßt sich somit eine Verpflichtung der Mitgliedsländer ableiten, auch das Substitutionskonto aktiv zu unterstützen. Die Unterstützung dürfte sich nicht auf die reine Mitgliedschaft im Rahmen eines symbolischen Beitrags beschränken. Sie müßte schon, um der Zielsetzung des Währungsfonds zu genügen, in Form einer bestimmten Minimaleinzahlung spezifiziert sein. Es läßt sich auf den ersten Blick nicht ausschließen, daß die diesbezügliche Vorschrift des Artikels VIII mit den zuvor genannten Bestimmungen des Artikels V kollidiert.

b) *Marktfähigkeit der Sonderziehungsrechts-Anlagen*

Die von dem Substitutionskonto emittierten Sonderziehungsrechte unterscheiden sich in ihren ökonomischen Eigenschaften grundlegend von den vom Währungsfonds ansonsten ausgegebenen „Standard-Sonderziehungsrechten“. Die Standard-Sonderziehungsrechte stellen Ansprüche der Zentralbanken dar, von anderen Zentralbanken konvertible Währungen gegen Zinszahlung zu erhalten. Sie werden den Mitgliedern des Währungsfonds von Zeit zu Zeit unentgeltlich zugeteilt.

Ganz anders verhielte es sich mit den Sonderziehungsrechten, die von einem Substitutionskonto ausgegeben werden. Ihr Erwerb resultiert aus der Hingabe von amerikanischen Staatsschuldtiteln. Volkswirtschaften, die derartige Sonderziehungsrechte erwerben, haben zuvor durch Zahlungsbilanzüberschüsse Forderungen an die Vereinigten

Staaten erworben. Ihre Dollar-Forderungen sind das Ergebnis eines volkswirtschaftlichen Sparprozesses. Die über das Substitutionskonto emittierten Sonderziehungsrechte basieren somit auf real erbrachten Ersparnissen, während dies für die durch reine Geldschöpfung entstandenen Standard-Sonderziehungsrechte nicht gilt.

Abgesehen von den unterschiedlichen ökonomischen Grundlagen und Implikationen ihrer Entstehung, weichen die Verwendungsbereiche der beiden Arten von Sonderziehungsrechten voneinander ab. Der Einsatz der Standard-Sonderziehungsrechte beschränkt sich auf den Verkehr zwischen den Zentralbanken. Er soll allein der Erleichterung der Zahlungsbilanzanpassung zwischen Defizit- und Überschußländern dienen und unterliegt strengen Regeln der Nutzung und Rückzahlung. Für den Einsatz der über das Substitutionskonto geschaffenen Sonderziehungsrechte sind derartige Beschränkungen nicht erforderlich. Diese würden die Teilnahme am Konto erheblich beeinträchtigen. Da nämlich das Substitutionskonto auf eine freiwillige Teilnahme angewiesen ist, muß es sich durch die Schaffung attraktiver Bedingungen am Markt behaupten. Es muß als Mindestvoraussetzung für die emittierten Sonderziehungsrechte all jene Vorteile bieten, die auch die von ihm aufzunehmenden Dollar-Forderungen aufweisen. Hierzu gehört in erster Linie ein hoher Grad an Marktfähigkeit.

Die Sonderziehungsrechte des Substitutionskontos müssen voll transferierbar sein[6]. Die Bedingungen, zu denen sie übertragen werden oder als Sicherheit zwischen Gläubigern und Schuldnern Verwendung finden, müssen frei bestimmbar sein. Selbst wenn der Zugang zu dem Konto zunächst auf den Kreis der Zentralbanken beschränkt bleiben sollte, müßte doch die Verwendung über diesen Kreis hinaus zu einem späteren Zeitpunkt möglich gemacht werden. So sollten die Sonderziehungsrechte des Substitutionskontos auch für Transaktionen der Zentralbanken mit dem Geschäftsbankensektor und den öffentlichen Haushalten ebenso wie für Transaktionen innerhalb des Geschäftsbankensektors eingesetzt werden können. Es wäre sogar denkbar, daß die Zentralbanken den Geschäftsbankensektor anregen, einen Teil der Mindestreserven in Form von Sonderziehungsrechten zu halten. In diesem Umfang können die Zentralbanken dann Sonderziehungsrechte von dem Substitutionskonto als Grundausstattung erwerben.

Um die Einsatzmöglichkeit der Sonderziehungsrechte des Substitutionskontos zu erhöhen, könnte auch daran gedacht werden, den Teilnehmern am Substitutionskonto eine limitierte Mindestannahmepflicht

---

[6] Eine derartige Forderung wird auch vom Währungsfonds selbst erhoben. Vgl. Habermeier, Walter O., Das geplante Substitutionskonto des IMF, in: Zeitschrift für das gesamte Kreditwesen, 33. Jg. (1980), S. 88.

aufzuerlegen, ähnlich wie sie für die Teilnehmer der Sonderziehungsrechts-Abteilung besteht. Eine derartige Verpflichtung dürfte jedoch nicht so weit gehen, daß die Teilnahme am Substitutionskonto hierdurch unattraktiv wird. Zumindest müßte in diesem Fall von seiten des Substitutionskontos die Garantie gegeben werden, daß ein Teil der Sonderziehungsrechte jederzeit wieder in Dollar-Forderungen transferiert werden kann.

Das Ausmaß einer solchen Dollar-Einlösungsgarantie könnte prozentual gebunden werden an die Annahmeverpflichtung im Rahmen der Sonderziehungsrechts-Abteilung. Die Mitgliedschaft im Substitutionskonto ließe sich dann dadurch attraktiv gestalten, daß bei der Neuzuteilung von Sonderziehungsrechten gewährleistet wird, daß Länder, die ihre gezeichnete Einzahlungssumme im Substitutionskonto unterschritten haben, zusätzliche Sonderziehungsrechte zur Auffüllung ihrer ursprünglichen Beteiligung erhalten. Die Einlösungsgarantie könnte auch über die ursprüngliche Teilnahmesumme am Substitutionskonto hinausgehen. Allerdings dürfte eine maximale Umtauschquote von 200 %, wie sie in der Sonderziehungsrechts-Abteilung gilt, als überhöht anzusehen sein. Als sinnvoll kann allenfalls eine Einlösungsgarantie bis zu höchstens 50 % der gezeichneten Teilnahmesumme angesehen werden.

Unabhängig von der spezifischen Ausgestaltung des Substitutionskontos sollten Mitgliedsländer bei einer Rückgabe von Sonderziehungsrechten gegen Dollar-Forderungen den Nachweis führen, daß dieser Umtausch aufgrund der Zahlungsbilanzsituation erforderlich ist. Grundsätzlich sollten bei der Rückgabe folgende Regeln zur Anwendung kommen:

1. Solange Teilnehmer eine starke Position hinsichtlich ihrer Zahlungsbilanz und ihrer Währungsreserven haben und solange diese Länder ihre gezeichnete Summe im Substitutionskonto noch nicht effektiv eingezahlt haben, können andere Länder im Ausmaß der vorgesehenen Beschränkungen Währungsreserven in beliebiger Form von diesen Ländern gegen die Hingabe von Sonderziehungsrechten verlangen.
2. Sobald Teilnehmerländer mit einer starken Zahlungsbilanz- und Reserveposition ihren eingegangenen Einzahlungsverpflichtungen nachgekommen sind, können Defizitländer Dollar-Forderungen zum Tageskurs aus dem Substitutionskonto erhalten.

Im letztgenannten Fall erhält das Substitutionskonto keine Zinszahlungen mehr für die eingelösten Dollar-Forderungen, und es zahlt auch keine Zinsen mehr für deren Gegenwert in Sonderziehungsrechten. Von den Zinsen her gesehen, ist die Rückeinlösung von Sonderziehungsrechten somit problemlos. Ein Problem kann sich aus der Rückeinlösung allerdings daraus ergeben, daß der Tageskurs der Sonderziehungsrechte von dem ursprünglichen Dollarkurs abweicht. Hat sich der Dollarkurs abgewertet, entstehen Verluste für das Konto; hat er sich aufgewertet, entstehen Gewinne. Derartige Verluste oder Gewinne könnten allen Teilnehmern des Substitutionskontos im Verhältnis zu ihrer gezeichneten Einzahlungssumme angelastet bzw. gutgeschrieben werden. Es wäre aber auch denkbar, Verluste nur solchen Teilnehmerländern anzulasten, die ihre Einzahlungspflicht nicht erfüllt haben, und Gewinne nur denjenigen Ländern gutzuschreiben, die ihre gezeichneten Beträge eingezahlt haben.

Für Geschäftsbanken oder sonstige nicht-offizielle Stellen, die Sonderziehungsrechte gegen Dollar resubstituieren möchten, sollte keinerlei Umtauschbeschränkung eingeführt werden. Sie sollten jederzeit unlimitiert zum Tageskurs umtauschen können. Eine Vergütung von Zusatzerträgen oder eine Belastung mit Verlusten des Kontos sollte für sie ausgeschlossen sein.

c) Zinsausgaben und Zinserträge

Die Regelung über die Zinszahlungen und die Einnahmen sind für die Funktionsfähigkeit des Substitutionskontos von zentraler Bedeutung. So ist auf der einen Seite die Höhe der Verzinsung der Sonderziehungsrechte im Vergleich zu anderen Finanziellen Aktiva, insbesondere zu Dollar-Forderungen ein wichtiger Faktor bei der Entscheidung zur Teilnahme am Konto. Auf der anderen Seite beeinflußt das Nettoergebnis des Kontos den Marktwert der Sonderziehungsrechte. Ein Gewinn des Kontos erhöht den Wert der Sonderziehungsrechte, ein Verlust senkt ihn.

Für die technische Ausgestaltung und Abwicklung der Zinsausgaben und Zinseinnahmen des Kontos ist eine Anzahl von Modellen denkbar[7]. Im folgenden wird ein Grundschema entwickelt, das anschließend modifiziert wird. Als Grundschema soll hierbei ein Konto verstanden werden, das als geschlossenes Konto auf der Basis langfristiger amerikanischer Staatsschuldtitel konzipiert ist und bei dem der jeweils geltende Zinssatz auf Sonderziehungsrechte in Höhe von 80 % des gewogenen durchschnittlichen kurzfristigen Zinsertrages in fünf Ländern ausgezahlt und die restlichen 20 % den Anliegern gutgeschrieben werden. Die Nichtauszahlung der Zinsdifferenz soll dazu dienen, die Liquidität des Kontos zu sichern.

Die Zinseinnahmen des Kontos stammen von den erworbenen Staatsschuldtiteln der amerikanischen Regierung. Prinzipiell sollte die so

---

[7] Vgl. Rey, Jean-Jacques, Le Compte de Substitution: de Rio à Hambourg, in: Revue de la Banque, Vol. 44 (1980), S. 225 ff.

gewählte Struktur des Kontos, nämlich langfristige Anlagen und Zinsen auf der Aktivseite und kurzfristige Zinsen auf der Passivseite, eine positive Ertragsstruktur gewährleisten. Diese Vermutung leitet sich daraus ab, daß der langfristige Zins meist höher ist als der kurzfristige, und daß erwartet werden kann, daß Wertänderungen von Dollar-Forderungen gegenüber Forderungen in Sonderziehungsrechten durch entgegengesetzte Veränderungen der Zinssätze kompensiert werden. Außerdem kann davon ausgegangen werden, daß mit den mit der Errichtung des Substitutionskontos einhergehenden geringeren Kursschwankungen eine kompensierende Wirkung verbunden ist.

Die Bilanzentwicklung des Kontos hängt daher vor allem von der Höhe der Differenz des zu zahlenden und des vereinnahmten Zinssatzes sowie von der Veränderung des Dollar/SZR-Wechselkurses ab. Das Konto ist ausgeglichen, wenn die um Wertänderungen korrigierte Zinsdifferenz gleich Null ist. In diesem Fall entsprechen die Zinseinnahmen zuzüglich Wechselkursgewinnen oder abzüglich Wechselkursverlusten genau den Zinsausgaben. Eine derartige Situation dürfte jedoch relativ selten gegeben sein. Liegt aber beispielsweise der Zins für Sonderziehungsrechte ständig über dem durch Wechselkurseffekte korrigierten Dollar-Zins, würde sich der Wert der Dollar-Seite des Kontos kontinuierlich gegenüber der Sonderziehungsrechts-Seite verschlechtern. In einem solchen Fall würde das Konto ständig Finanzzuschüsse benötigen.

Eine andere Möglichkeit zur Abdeckung des Liquiditätsrisikos bestünde darin, dem Konto von vornherein einen zusätzlichen Kapitalfonds zur Verfügung zu stellen. In der Diskussion um die Einrichtung des Substitutionskontos wurde der Vorschlag gemacht, daß der Währungsfonds in das Konto einen Teil seines noch vorhandenen Goldes oder Erlöse aus dem Verkauf von Gold einbringt. Derartige Maßnahmen laufen natürlich auf eine offene Subventionierung des Substitutionskontos und damit letztlich des Dollar hinaus.

Das Ausmaß der für den Fall einer ungünstigen Zins- und Wechselkursentwicklung des Dollar benötigten Finanzzuschüsse und entsprechend die Höhe des bereitzustellenden Kapitalfonds hängen auch davon ab, in welcher Währung die Zinszahlungen erfolgen. Grundsätzlich können sie in Dollar oder in neu emittierten Sonderziehungsrechten vorgenommen werden. Erfolgt die Zinszahlung in Dollar, wäre das Konto bei Verlusten ohne Bereitstellung von Subventionsmitteln gezwungen, seine Dollar-Anlagen zu verringern. Einnahmeausfälle könnten dann den Dollar-Bestand sehr schnell unter eine Schwelle drücken, von der sich das Konto aus eigener Kraft nicht mehr erholen kann. Das Problem hierbei ist, daß das Konto mit dem Bestandsrückgang der

Tabelle 12: **Ex-post Analyse eines Substitutionskontos bei Zinszahlungen auf Dollarbasis zu jeweils herrschenden Zinssätzen und 80 % Auszahlung, 1960 - 1979 (Einzahlung von 100 000 US-Dollar 1960)**

Jahr	Wert von 100 000 SZR in	Zinserträge für 100 000 $ in	Zinsaufwendungen für 100 000 SZR bei Auszahlung von 80 % des SZR-Zinses in		Zinsgewinne (+) und -verluste (−) des Kontos		Kumuliertes Guthaben von 20 % des SZR-Zinses in	Kumulierter Gesamtverlust des Kontos aus (1), (6), (7)
					jährlich	kumuliert		
	$	$	$	SZR	$	$	$	$
	1	2	3	4	5	6	7	8
1960	100 000	4 060	3 408	3 408	+ 652	+ 652	852	− 200
1961	100 000	3 920	3 224	3 224	+ 696	+ 1 348	1 658	− 310
1962	100 000	4 000	3 176	3 176	+ 824	+ 2 172	2 452	− 280
1963	100 000	4 050	2 576	2 576	+ 1 474	+ 3 646	3 096	− 550
1964	100 000	4 190	3 688	3 688	+ 502	+ 4 148	4 018	+ 130
1965	100 000	4 270	3 792	3 792	+ 478	+ 4 626	4 966	− 340
1966	100 000	4 770	4 336	4 336	+ 434	+ 5 060	6 050	− 990
1967	100 000	5 010	3 816	3 816	+ 1 194	+ 6 254	7 004	− 750
1968	100 000	5 460	4 504	4 504	+ 956	+ 7 210	8 130	− 920
1969	100 000	6 330	5 600	5 600	+ 730	+ 7 940	9 530	− 1 590
1970	100 000	6 860	5 992	5 992	+ 868	+ 8 808	11 028	− 2 220
1971	100 301	6 120	4 296	4 283	+ 1 824	+ 10 632	+ 12 102	− 1 771
1972	108 566	6 010	3 744	3 449	+ 2 266	+ 12 898	+ 13 038	− 8 706
1973	119 218	7 120	6 736	5 650	+ 384	+ 13 282	+ 14 722	− 20 658
1974	120 265	8 060	7 752	6 446	+ 308	+ 13 590	+ 16 660	− 23 335
1975	121 418	8 190	5 536	4 560	+ 2 654	+ 16 244	+ 18 044	− 23 218
1976	115 447	7 870	4 904	4 248	+ 2 966	+ 19 210	+ 19 270	− 15 507
1977	116 754	7 670	4 672	4 002	+ 2 998	+ 22 208	+ 20 438	− 14 984
1978	125 204	8 490	5 232	4 179	+ 3 258	+ 25 466	+ 21 746	− 21 484
1979	129 199	9 330	7 456	5 771	+ 1 874	+ 27 340	+ 23 610	− 25 469

Eigene Berechnungen.

Dollar-Einlagen seine Einnahmebasis schmälert, so daß die Verluste immer höher werden. Bei einer Zinszahlung in Dollar erfordert das Konto auf jeden Fall eine Absicherung durch die Zusage von Finanzzuschüssen im Fall von Liquiditätsschwierigkeiten oder die Einbringung eines zusätzlichen Kapitalfonds bei der Eröffnung des Kontos.

In Tabelle 12 wird in einer ex-post-Analyse die finanzielle Entwicklung des Grundschemas eines Substitutionskontos aufgezeigt, das 1960 unter dem Gesichtspunkt einer 20jährigen Laufzeit geschaffen worden wäre. Das Konto ist als geschlossenes Konto konzipiert, d. h. einmalige Einzahlung und keinerlei Auszahlung vor Liquidation. Zinseinnahmen und Zinsausgaben erfolgen in Dollar. Bei den Zinseinnahmen verpflichtet sich die amerikanische Regierung, den jeweils geltenden Zins für langfristige Wertpapiere zu zahlen. Zur Auszahlung gelangt der vom Währungsfonds festgelegte Zins auf Sonderziehungsrechte. Die Differenz gegenüber dem amerikanischen Zins wird gutgeschrieben.

Unter diesen Voraussetzungen hätte das Konto liquiditätsmäßig keinerlei Schwierigkeiten gehabt. Die Zinseinnahmen wären stets größer gewesen als die Zinsausgaben. Über die vergangenen 20 Jahre hinweg hätte sich auf die eingezahlten 100 000 Dollar ein Zinsgewinn in Höhe von 27 340 Dollar angesammelt. Dem stünden jedoch eine kumulierte Zinsgutschrift in Höhe von 23 610 Dollar und ein kumulierter Abwertungsverlust von 29 199 Dollar gegenüber. Insgesamt hätte sich damit ein kumulativer Gesamtverlust in Höhe von 25 469 Dollar ergeben. Das ist ein Betrag, der sich auf über 25 % der ursprünglichen Einzahlung beläuft. Das Konto hätte also im Endeffekt einen hohen Verlust erwirtschaftet. Ursache hierfür ist die Dollar-Abwertung. Ohne die Abwertung hätte das Konto sogar einen — wenn auch geringen — Gewinn gemacht. Ausgeglichen wäre das Konto dagegen gewesen, wenn bei seiner Eröffnung etwa 18 000 Dollar als Kapitalfonds bereitgestellt worden wären.

d) Liquidation

Die Schaffung des Kontos ist vor allem unter dem Gesichtspunkt geplant, die hohen Dollar-Bestände außerhalb der Vereinigten Staaten zu konsolidieren und die Stellung der Sonderziehungsrechte im internationalen Währungssystem zu stärken. Eine Liquidation oder ein Abbau des Kontos sollten daher so lange nicht ins Auge gefaßt werden, wie diese Ziele nicht erreicht sind.

Aus diesem Grund sollte auch keine Regelung vorgesehen werden, die die Vereinigten Staaten verpflichten würde, ihre Dollar-Verbindlichkeiten in dem Konto zu amortisieren. Eine derartige Amortisation ist vor allem so lange nicht nötig, wie das Konto nur den kleineren Teil der gesamten weltweit ausstehenden Dollar-Verbindlichkeiten ersetzt und konsolidiert. Sollten aber die Vereinigten Staaten eine Wirtschaftspolitik betreiben, bei der sie Zahlungsbilanzüberschüsse erwirtschaften, stünden noch lange Zeit genügend Dollar zur Verfügung, mit denen andere Länder, die entsprechende Defizite aufweisen, ihre Verbindlichkeiten gegenüber den Vereinigten Staaten begleichen könnten. Für das Substitutionskonto entstünden aus einer solchen Wende der Lage keine Probleme.

Die Möglichkeit, das Volumen des Kontos durch die Rückgabe von Sonderziehungsrechten zu verringern, sollte allerdings grundsätzlich nicht ausgeschlossen werden. Eine Rückgabe stößt jedoch auf Schwierigkeiten, wenn der Wert der Sonderziehungsrechte des Kontos niedriger ist als der Wert der ursprünglichen Einzahlung. Technisch müßte die Rückgabe so abgewickelt werden, daß die Vereinigten Staaten ausgegebene Sonderziehungsrechte von den Teilnehmern aufkaufen und sie dem Konto zur Einlösung präsentieren. Die Vereinigten Staaten würden dann den entsprechenden Dollar-Betrag zurückerhalten, und das Volumen des Kontos würde sich entsprechend reduzieren.

Eine völlige Auflösung des Kontos sollte dagegen nur unter breitester Zustimmung der teilnehmenden Länder und des Währungsfonds erfolgen. Sie sollte auch nicht vor Ablauf einer Frist von 15 bis 20 Jahren erwogen werden. Zur Zeit der Auflösung müßten alle Länder ihre ursprüngliche Beteiligungssumme voll eingezahlt haben. Die Teilnehmer würden dann das Dollar-Äquivalent dieser Summe mit dem Tageskurs bewertet erhalten. Gleichzeitig würde die einbehaltene Zinsdifferenz zur Auszahlung gelangen. Probleme ergeben sich, wenn die Aktiva des Kontos nicht ausreichen, die bestehenden Ansprüche zu befriedigen. In einem solchen Fall wäre es am zweckmäßigsten, die Verluste anteilsmäßig abzudecken. Ein anteilsmäßiges Verteilungsverfahren wäre ebenfalls zugrunde zu legen, wenn bei Auflösung des Kontos Gewinne vorhanden wären.

3. Modifizierung des Grundschemas

a) Jederzeitige Einzahlungen

In der vorhergehenden Analyse war das Substitutionskonto als ein geschlossenes Konto behandelt worden. Einzahlungen auf das Konto wurden als ein einmaliger Vorgang betrachtet. Neben einer derartigen Konstruktion ist auch eine Lösung denkbar, bei der Einzahlungen kontinuierlich vorgenommen werden können. Ein solches offenes Konto, bei dem weder die endgültige Größe noch irgendwelche Einzahlungsverpflichtungen festgelegt sind, bringt erhebliche Probleme mit sich. So ist es außerordentlich schwierig, die Neueinzahler finanziell genau so zu behandeln wie die Alteinzahler. Neue Dollar-Einlagen würden die finanzielle Situation der Alteinzahler und der Vereinigten Staaten nur dann unverändert lassen, wenn die Sonderziehungsrechte bei einer Aufstockung des Kontos den gleichen Wert hätten wie bei Eröffnung des Kontos. Im Grunde könnten Neueinzahlungen nur unter einer solchen Voraussetzung zugelassen werden. Das Eintreten einer derartigen Situation hätte jedoch einen großen Zufallscharakter. Es ist daher wichtig, bei einem offenen Konto Regelungen vorzusehen, die sicherstellen, daß die Interessen der ursprünglichen Teilnehmerländer gewahrt werden.

Die wichtigste Frage, die es in diesem Zusammenhang zu klären gilt ist, zu welchem Wechselkurs neue Dollar-Einlagen dem Konto zugeführt werden sollen. Folgende Regelung erscheint hierbei sinnvoll: Übersteigt die Passivseite des Kontos die Aktivseite, weil sich der Wechselkurs des Dollar gegenüber der Ausgangslage abgewertet hat, sollten neue Depositen zum Tageskurs hereingenommen werden. Sind ursprünglich beispielsweise für eine Einlage von 100 Dollar auf der Passivseite 85 SZR gutgeschrieben worden, und ist der Kurs des Dollar gegenüber den Sonderziehungsrechten in der Zwischenzeit auf 80 SZR gesunken (Dollar-Abwertung), weist das Konto einen Fehlbetrag von 5 SZR auf. Würden neue Dollar-Deposition zum Kurs von 1 Dollar = 0.80 SZR ausgegeben werden, würde dies eine Stärkung des Kontos dadurch bedeuten, daß der Durchschnittsverlust verringert wird. Der absolute Verlustbetrag bleibt dagegen unverändert.

Übersteigt die Aktivseite des Kontos jedoch die Passivseite, weil der Dollar gegenüber den Sonderziehungsrechten eine Aufwertung erfahren hat, sollten neue Depositen nicht zum Tageskurs hereingenommen werden. Betrug der Gegenwert von 100 Dollar zur Zeit der Einrichtung des Kontos 85 SZR, und ist der Tageskurs auf 90 SZR, ergibt sich ein Überschuß von 5 SZR. Die Aufstockung des Kontos zu einem Kurs von 90 SZR für den Dollar würde den Durchschnittswert der Passiva verringern und das Konto damit schwächen. Das gleiche gilt für jeden Dollar-Kurs, der über 85 SZR liegt.

Aus den dargestellten Überlegungen folgt, daß die Neuaufnahme von Dollar-Depositen in das Substitutionskonto im Falle einer inzwischen eingetretenen Abwertung des Dollar zum Tageskurs erfolgen sollte. Ist der Dollar demgegenüber zwischenzeitlich aufgewertet worden, sollte der zur Zeit der Einrichtung des Kontos gültig gewesene niedrigere Wechselkurs zugrunde gelegt werden. Es ist daher von vornherein vorzusehen, daß Dollar-Neueinlagen in das Substitutionskonto zu Bedingungen erfolgen, die ungünstiger sein können als die Bedingungen für die Ersteinlagen.

Eine derartige Regelung braucht nicht dazu zu führen, daß das Interesse an Neueinlagen schwindet. Solange sich die Wertänderung des Dollar gegenüber den Sonderziehungsrechten in relativ geringen Grenzen hält, ist der Nachteil bei einem späteren Einstieg in das Substitutionskonto relativ gering. Unter einer solchen Bedingung kann die nachträgliche Substitution von kurzfristigen Dollar-Forderungen durch Sonderziehungsrechte für Zentralbanken durchaus eine sinnvolle Entscheidung hinsichtlich der Struktur ihrer Währungsreserven sein.

Während ein offenes Konto unter den genannten Voraussetzungen in bezug auf die Wechselkurs-Verrechnung als machbar angesehen werden kann, ergeben sich aus einem solchen Konto jedoch möglicherweise destabilisierende Einflüsse auf den Wechselkurs. Stellt das Substitutionskonto z. B. eine einmalige Option wie im Falle des geschlossenen Kontos dar, wird die Entscheidung, daran teilzunehmen oder nicht teilzunehmen, ganz überwiegend von langfristigen Gesichtspunkten bestimmt. Die Zentralbanken sind dann gezwungen, die Entscheidung, für einen bestimmten Betrag ihrer kurzfristigen Dollar-Forderungen langfristige Sonderziehungsrechts-Forderungen zu erwerben, unter dem Gesichtspunkt einer langfristig optimalen Zusammensetzung ihrer Reservestruktur zu treffen. Wird das Substitutionskonto jedoch als offenes Konto geführt, treten kurzfristige Gesichtspunkte stärker in den Vordergrund. So könnte eine erwartete Abwertung des Dollar-Kurses gegenüber den Sonderziehungsrechten Zentralbanken veranlassen, dem Konto beizutreten und Aufwertungsgewinne zu realisieren. Hierdurch würden die Schwankungen auf den Währungsmärkten durch die Existenz des Kontos verstärkt werden, während es ja gerade ein wichtiges Ziel des Kontos sein sollte, zu einer Stabilisierung der Wechselkurse beizutragen.

Aus diesem Grund dürfte eine völlig offene Konstruktion des Kontos kaum sinnvoll sein. Vielmehr müßte die Möglichkeit, dem Konto zusätzliche Depositen zuzuführen, mit einer Art Anmeldefrist verbunden werden. Um durch Wechselkurserwartungen beeinflußte Entscheidungen auszuschließen, müßte die Anmeldepflicht mindestens ein Jahr betragen. Bei einer solchen Periode kann ein destabilisierendes spekulatives Verhalten auf den Währungsmärkten weitgehend ausgeschlossen werden.

Als weitere Möglichkeit böte sich die von Zeit zu Zeit vorzunehmende Schaffung von Unterkonten an. Jedes Unterkonto ließe sich als eigenständige Einheit behandeln. Ein Problem hierbei ist jedoch, daß die Unterkonten eine unterschiedliche Teilnehmerzahl und eine unterschiedliche Einlagenstruktur in bezug auf die Teilnehmer haben werden. Die Konten würden daher in sich stark voneinander abweichen, und die Übersichtlichkeit würde verlorengehen.

Grundsätzlich sollte aber das Substitutionskonto nicht als eine abgeschlossene Einrichtung angesehen werden. Vielmehr sollten von seiten des Währungsfonds die institutionellen Voraussetzungen dafür geschaffen werden, auch nach der Eröffnung des Kontos weitere Dollar-Substitutionen vornehmen zu können. Wichtig ist hierbei jedoch, daß die Entscheidung über den Zeitpunkt, das Ausmaß und die Bedingungen der Aufstockung des Kontos von dem Währungsfonds ad hoc vorgenommen und nicht im voraus fixiert werden. Nur unter dieser Bedingung kann das Konto einen Beitrag zur Stabilisierung der Wechselkurse leisten.

b) Jederzeitige Auszahlungen

Neben den ökonomischen Konsequenzen einer jederzeitigen Einzahlung auf das Konto sind auch die Wirkungen einer jederzeitigen Auszahlung zu prüfen. Von vornherein muß hierbei darauf hingewiesen werden, daß eine jederzeitige Auszahlung noch weniger mit der Zielsetzung des Kontos zu vereinbaren wäre als eine jederzeitige Einzahlung. Wenn das Konto zur Stabilisierung auf den Währungsmärkten beitragen soll, muß es einen möglichst großen Umfang haben und sollte nicht durch größere plötzliche Abhebungen in seiner Bedeutung und seiner Funktionsfähigkeit geschwächt werden. Würde die jederzeitige Rückeinlösung von Sonderziehungsrechten erlaubt sein, würden die Teilnehmer ihren Dollar-Bescheid im Konto immer dann teilweise oder ganz liquidieren, wenn sie bessere Anlagemöglichkeiten in anderen Währungen vorfinden. Der ursprüngliche Zweck des Kontos würde damit völlig denaturiert werden.

Sollten trotzdem Auszahlungen an teilnehmende Zentralbanken vorgesehen sein, muß von folgenden Regelungen ausgegangen werden: Ist der Dollar gegenüber der Kontoeröffnung z. B. abgewertet worden und ist damit für das Konto ein Wertverlust entstanden, kann eine Auszahlung, die ja in Dollar erfolgen muß, nur zum niedrigeren Tageskurs durchgeführt werden. Hat ein Teilnehmer für eine Einlage von 100 Dollar bei Kontoeröffnung z. B. 85 SZR erhalten und ist der Kurs zwischenzeitlich auf 80 SZR gesunken, sollte die Auszahlung zum niedrigeren Kurs erfolgen. Der Teilnehmer erhält dann für seine 85 SZR nicht mehr den ursprünglich eingezahlten Dollar-Wert zurück. In diesem Fall würde das Konto nicht geschwächt werden. Ganz im Gegenteil, der absolute Verlust des Kontos würde verringert werden.

Weist das Konto dagegen wegen einer Dollar-Aufwertung einen Überschuß der Aktivseite über die Passivseite aus, sollte die Auszahlung zum Tageskurs erfolgen. Hat beispielsweise ein Teilnehmer am Substitutionskonto für eine Einzahlung von 100 Dollar einen Betrag von 85 SZR gutgeschrieben bekommen und ist der Wert der Dollar-Einzahlung inzwischen auf 90 SZR gestiegen, sollte der erhöhte Dollar-Betrag zur Auszahlung gelangen. Durch eine solche Regelung würde das Verhältnis von Aktiva und Passiva des Kontos verbessert werden, so daß das Konto insgesamt eine Stärkung erfährt.

c) Spezielle Zinsregelungen

Außer der in dem Grundschema betrachteten Einbehaltung eines Teils der Habenzinsen läßt sich auch eine Konstruktion denken, bei der auf diese liquiditätssichernde Maßnahme verzichtet wird und stattdessen auf die Verbindlichkeiten des Kontos der volle ermittelte Sonderziehungsrechts-Zins zur Ausschüttung gelangt. Eine derartige Regelung würde den Attraktivitätsgrad des Kontos gegenüber dem Grundschema erheblich erhöhen. Bei seiner Abwicklung können sich jedoch Probleme ergeben, die bei dem Grundschema nicht auftreten. Vor allem ist hier das Liquiditätsproblem zu nennen.

Die ex-post-Entwicklung eines Kontos, dem die Auszahlung des vollen Sonderziehungsrechts-Zinses zugrunde liegt, wird in Tabelle 13 dargestellt. Die Tabelle zeigt, daß ein solches Konto in der Vergangenheit ohne Finanzzuschüsse oder eines bei seiner Eröffnung bereitgestellten Kapitalfonds nicht lebensfähig gewesen wäre. Für eine relativ lange Zeit hätten die Zinsausgaben die Zinseinnahmen überschritten. Am Ende der 20jährigen Lebensdauer des Kontos hätte sich allerdings noch ein geringer Zinsgewinn eingestellt. Der Gesamtverlust des Kontos fällt genau so hoch aus wie bei dem Grundschema. Zu seiner Abdeckung hätten ähnliche Überlegungen angestellt werden müssen, wie sie zuvor für die Verluste des Grundschemas entwickelt worden sind.

Völlig unproblematisch ist die Liquiditätssituation des Substitutionskontos, wenn die Zinsen weder auf Dollar-Basis noch jährlich ausgezahlt werden, sondern wenn eine Zinsgutschrift wie in einem Wachstumsfonds in Form von Sonderziehungsrechten erfolgt. In diesem Fall erhöht sich die Aktivseite des Kontos durch Dollar-Zinsgutschriften und die Passivseite durch Gutschriften in Sonderziehungsrechten. Ein derartiges Wachstumskonto ist, da es keinen Liquiditätsanforderungen unterliegt, bis zu seiner Auflösung unabhängig von der Wertentwicklung des Dollar lebensfähig. Dennoch führen permanente Abwertungsverluste des Dollar zu einer Verschlechterung seiner Vermögensposition. Der Grund hierfür liegt darin, daß das Volumen des Kontos durch die Kumulation der Dollar-Zinsen steigt und die durch seine Dollar-

Tabelle 13: **Ex-post Analyse eines Substitutionskontos bei Zinszahlung auf Dollarbasis zu jeweils herrschenden Zinssätzen und 100 % Auszahlung, 1960 - 1979 (Einzahlung von 100 000 US-Dollar 1960)**

Jahr	Wert von 100 000 SZR in	Zinserträge für 100 000 $ in	Zinsaufwendungen für 100 000 SZR bei Auszahlung von 100 % des SZR-Zinses in		Zinsgewinne (+) und -verluste (−) des Kontos		Kumulierter Gesamtverlust des Kontos
					jährlich	kumuliert	
	$	$	$	SZR	$	$	$
	1	2	3	4	5	6	7
1960	100 000	4 060	4 260	4 260	− 200	− 200	− 200
1961	100 000	3 920	4 030	4 030	− 110	− 310	− 310
1962	100 000	4 000	3 970	3 970	+ 30	− 280	− 280
1963	100 000	4 050	3 220	3 220	+ 830	+ 550	+ 550
1964	100 000	4 190	4 610	4 610	− 420	+ 130	+ 130
1965	100 000	4 270	4 740	4 740	− 470	− 340	− 340
1966	100 000	4 770	5 420	5 420	− 650	− 990	− 990
1967	100 000	5 010	4 770	4 770	+ 240	− 750	− 750
1968	100 000	5 460	5 630	5 630	− 170	− 920	− 920
1969	100 000	6 330	7 000	7 000	− 670	− 1 590	− 1 590
1970	100 000	6 860	7 490	7 490	− 630	− 2 220	− 2 220
1971	100 301	6 120	5 370	5 354	+ 750	− 1 470	− 1 771
1972	108 566	6 010	4 680	4 311	+ 1 330	− 140	− 8 706
1973	119 218	7 120	8 420	7 063	− 1 300	− 1 440	− 20 658
1974	120 265	8 060	9 690	8 057	− 1 630	− 3 070	− 23 335
1975	121 418	8 190	6 920	5 699	+ 1 270	− 1 800	− 23 218
1976	115 447	7 870	6 130	5 310	+ 1 740	− 60	− 15 507
1977	116 754	7 670	5 840	5 002	+ 1 830	+ 1 770	− 14 984
1978	125 204	8 490	6 540	5 224	+ 1 950	+ 3 720	− 21 484
1979	129 199	9 330	9 320	7 214	+ 10	+ 3 730	− 25 469

Eigene Berechnungen.

Abwertung bedingten Verluste höher sind als bei den bisher betrachteten Konstruktionstypen des Substitutionskontos.

Tabelle 14 veranschaulicht die ex-post-Entwicklung eines so konstruierten Kontos über die letzten 20 Jahre. Die Tabelle zeigt deutlich die Beschleunigung der Dollar-Verluste von dem Zeitpunkt an, von dem der Dollar unter Abwertungsdruck geriet. Zeitweise, wie etwa von 1970 auf 1971 oder von 1977 auf 1978, hätten die jährlichen Verluste weit über 10 % der Dollar-Gesamteinlage des Kontos betragen. Insgesamt hätte sich bei 20jähriger Laufzeit eines derartig konstruierten Kontos bei einer Einzahlung von 100 000 Dollar ein Verlust in Höhe von 47 437 Dollar eingestellt. Damit wäre fast die Hälfte des Anfangswertes des Kontos verlorengegangen. Eine verlustfreie Situation hätte sich für das Konto ergeben, wenn zu seiner Eröffnung ein Kapitalbetrag in Höhe von etwa 16 500 Dollar zur Verfügung gestellt worden wäre.

Eine weitere Möglichkeit der Verzinsung bestünde darin, daß die Vereinigten Staaten ihre Zinsen in Sonderziehungsrechten zahlen. In diesem Fall ergäbe sich für die Vereinigten Staaten allerdings das Problem der Beschaffung der Sonderziehungsrechte. Da sie sinnvollerweise keine Dollar über das Substitutionskonto eintauschen können, müßten sie diese von Teilnehmern des Kontos erwerben. Für die Vereinigten Staaten ist es im Prinzip allerdings unerheblich, ob sie die Zinsen in Form von Dollar oder in Form von Sonderziehungsrechten zahlen. Für das Konto selbst ist auch kein Vorteil eines solchen Verfahrens zu erkennen. Ein auf dieser Grundlage konstruiertes Konto wird daher nicht näher untersucht.

Die Zinsvereinbarungen des Substitutionskontos mit den Vereinigten Staaten lassen sich auch so gestalten, daß eine jährliche Anpassung der Einnahmeseite an die Ausgabenseite unter Berücksichtigung der gutgeschriebenen Zinsdifferenz erfolgt. So könnte der von den Vereinigten Staaten zu zahlende Zins z. B. um einen bestimmten Prozentsatz verringert werden, wenn der Sonderziehungsrechts-Wert des Kontos den Wert der ursprünglichen Einlage um einen Betrag übersteigt, der dem zweifachen des zusätzlich gutgeschriebenen Differenzzinses entspricht. Umgekehrt müßte der von den Vereinigten Staaten zu zahlende Zinssatz um einen bestimmten Prozentsatz immer dann erhöht werden, wenn die Wertänderung des Kontos die gutgeschriebene Zinsdifferenz zum Verschwinden bringt oder der Wert des Kontos negativ wird. Die endgültige Ausgestaltung einer derartigen Regelung sollte allerdings erst dann vorgenommen werden, wenn das Konto einige Jahre bestanden hat und Erfahrungen mit seiner Funktionsfähigkeit gesammelt worden sind.

Tabelle 14: **Ex-post Analyse eines Substitutionskontos bei Zinszahlung auf SZR-Basis zu jeweils herrschenden Zinssätzen, 1960 - 1979 (Einzahlung von 100 000 US-Dollar, 1960)**

Jahr	Zinserträge für 100 000 $ in Dollar	Kumulierte Zinserträge in Dollar[a]	Dollarbestand des Kontos	Jährliche Zinsgutschriften in SZR[b]	Kumulierte Zinsgutschriften in SZR	Jeweiliger Wert des Kontos in SZR	Dollarwert des SZR-Bestandes des Kontos	Kumulierter Gesamtverlust des Kontos in Dollar
1960	4 060	4 060	104 060	4 260	4 260	104 260	104 260	— 200
1961	3 920	7 980	107 980	4 030	8 290	108 290	108 290	— 310
1962	4 000	11 980	111 980	3 970	12 260	112 260	112 260	— 280
1963	4 050	16 030	116 030	3 220	15 480	115 480	115 480	+ 550
1964	4 190	20 220	120 220	4 610	20 090	120 090	120 090	+ 130
1965	4 270	24 490	124 490	4 740	24 830	124 830	124 830	— 340
1966	4 770	29 260	129 260	5 420	30 250	130 250	130 250	— 990
1967	5 010	34 270	134 270	4 770	35 020	135 020	135 020	— 750
1968	5 460	39 730	139 730	5 630	40 650	140 650	140 650	— 920
1969	6 330	46 060	146 060	7 000	47 650	147 650	147 650	— 1 590
1970	6 860	52 920	152 920	7 490	55 140	155 140	155 140	— 2 220
1971	6 120	59 040	159 040	5 354	60 494	160 494	160 977	— 1 937
1972	6 010	65 050	165 050	4 311	64 805	164 805	178 922	— 13 872
1973	7 120	72 170	172 170	7 063	71 868	171 868	204 898	— 32 728
1974	8 060	80 230	180 230	8 057	79 925	179 925	216 387	— 36 157
1975	8 190	88 420	188 420	5 699	85 624	185 624	225 381	— 36 961
1976	7 870	96 290	196 290	5 310	90 934	190 934	220 428	— 24 138
1977	7 670	103 960	203 960	5 002	95 936	195 936	228 763	— 24 803
1978	8 490	112 450	212 450	5 224	101 160	201 160	251 860	— 39 410
1979	9 330	121 780	221 780	7 214	108 374	208 374	269 217	— 47 437

a) Zins auf langfristige amerikanische Staatsschuldtitel. — b) SZR-Zins. — Eigene Berechnungen.

In diesem Zusammenhang ist anzumerken, daß nicht unbedingt davon ausgegangen werden kann, daß ein Substitutionskonto wie in der ex-post-Analyse auch in der Zukunft Verluste erwirtschaften muß. Vielmehr dürften sich Perioden mit Verlusten und Perioden mit Gewinnen gegenüberstehen. Ob die Verluste die Erträge dominieren, hängt neben den Zinssätzen entscheidend von der Änderung des Wechselkurses des Dollar gegenüber den Sonderziehungsrechten ab. Die extrem starke Dollar-Abwertung der 70er Jahre braucht sich nicht zu wiederholen. Das gilt besonders unter Berücksichtigung der Tatsache, daß die Konsolidierung der Dollar-Bestände im Substitutionskonto zur Stabilisierung des Dollar-Kurses beiträgt.

Die Aussichten für eine positive Bilanzentwicklung eines Substitutionskontos sind daher für die nähere Zukunft besser als in der Vergangenheit. Es ist als unwahrscheinlich anzunehmen, daß ein Substitutionskonto, das jetzt etabliert werden würde, ähnlich hohe Verluste realisiert, wie sie sich für die ex-post-Rechnung der vergangenen 20 Jahre ergeben haben.

V. Ausbau des internationalen Währungssystems zu einem Sonderziehungsrechts-Standard

1. Argumente zugunsten eines Sonderziehungsrechts-Standards

a) Definition eines Sonderziehungsrechts-Standards

Es gibt eine Anzahl von Möglichkeiten, einen Sonderziehungsrechts-Standard zu definieren. So lassen sich folgende Ausgestaltungen eines solchen Standards denken[1]:

1. die Sonderziehungsrechte werden als alleiniges Rechenmittel, Zahlungsmittel und Wertaufbewahrungsmittel für die Abwicklung sämtlicher nationaler und internationaler Transaktionen des öffentlichen und des privaten Sektors in all den Ländern eingesetzt, die sich dem System angeschlossen haben;
2. die Sonderziehungsrechte werden als Rechenmittel, Zahlungsmittel und Wertaufbewahrungsmittel für die Abwicklung von nationalen und internationalen finanziellen Transaktionen des öffentlichen und privaten Sektors neben der nationalen Währung eingesetzt;
3. die Sonderziehungsrechte werden als Rechenmittel, Zahlungsmittel und Wertaufbewahrungsmittel für die Abwicklung von internationalen Transaktionen des öffentlichen und privaten Sektors neben anderen Währungen eingesetzt;
4. die Sonderziehungsrechte werden als Rechenmittel, Zahlungsmittel und Wertaufbewahrungsmittel für die Abwicklung von internationalten Transaktionen des öffentlichen Sektors eingesetzt;
5. die Sonderziehungsrechte werden als Rechenmittel und Wertaufbewahrungsmittel für sämtliche finanziellen Transaktionen des privaten Sektors neben anderen Währungen eingesetzt. Ihre Verwendung als Zahlungsmittel in internationalen Transaktionen bleibt allein dem öffentlichen Sektor vorbehalten;
6. die Sonderziehungsrechte stellen die wichtigste internationale Währungsreserve dar. Ihre Haltung beruht auf Freiwilligkeit;

---

[1] Vgl. hierzu auch Machlup, Fritz, The Expanded Role of SDRs and the Possibilities of an SDR Standard, in: Swoboda, Alexander K. (Hg.), Europe and the Evolution of the International Monetary System, Leyden 1973, S. 33 f.

7. die Sonderziehungsrechte stellen eine wichtige internationale Währungsreserve dar, die in einem bestimmten Verhältnis zu den übrigen Währungsreserven gehalten werden muß;
8. die Sonderziehungsrechte stellen die ausschließliche internationale Währungsreserve dar;
9. die Sonderziehungsrechte stellen eine wichtige internationale Währungsreserve dar, die in einem bestimmten Verhältnis zur inländischen Zentralbankgeldmenge stehen muß.

Von den genannten Möglichkeiten scheiden mehrere, wie etwa die Möglichkeiten 1 und 9, völlig aus, weil das einen zu starken Eingriff in die geld- und währungspolitische Souveränität der einzelnen Länder darstellen würde, und ihre Realisierung deshalb nahezu ausgeschlossen erscheint. Die Diskussion wird daher vor allem auf die Varianten 5, 6, 7 und 8 beschränkt. Die Varianten 5 und 6 sind diejenigen, auf die sich das derzeitige Bemühen des Währungsfonds konzentriert. So ist es erklärtes Ziel des zweiten revidierten Abkommens über den Internationalen Währungsfonds, das zum 1. April 1978 in Kraft getreten ist, die Sonderziehungsrechte zur dominanten internationalen Reservewährung zu machen[2]. Dieses Ziel ist jedoch noch lange nicht erreicht. Der Anteil der Sonderziehungsrechte an den gesamten Währungsreserven wird auch nach den Zuteilungen der Jahre 1979 bis 1981 relativ unbedeutend bleiben.

Auch im Währungsfonds selbst sind noch lange nicht alle Möglichkeiten ausgeschöpft worden, die Sonderziehungsrechte zur alleinigen Recheneinheit und Reserveeinheit zu machen. Im Generalkonto, dem wichtigsten Konto des Währungsfonds, über das die in Gold sowie Fremd- und Eigenwährung eingezahlten Beträge und die Ziehungen verrechnet werden, werden nach wie vor die Verrechnungen in den Währungen der einzelnen Länder abgewickelt. Auf diesem Konto erfolgt nur ein geringer Teil der Transaktionen in Sonderziehungsrechten, während überwiegend nationale Währungen gegeneinander ausgetauscht werden. Darüber hinaus kann sich der Währungsfonds auf dem Kreditweg zwar nationale Währungen, aber keine Sonderziehungsrechte beschaffen.

b) Verhinderung weltweiter Inflationsprozesse

Es gibt eine Anzahl von Argumenten, die gegen den Dollar-Standard und für den Übergang zu einem Sonderziehungsrechts-Standard sprechen. Das wohl wichtigste Argument hierbei ist, daß die Schaffung von

[2] Die Einführung eines SZR-Standards ist in den Artikeln VIII und XXII der zweiten revidierten Statuten des IMF ausdrücklich niedergelegt. Die Statuten sind als Anhang abgedruckt in: Wagenhöfer, Edith, Unsere internationalen Wirtschaftsbeziehungen, Bonn 1977.

Währungsreserven nicht einem einzigen oder mehreren Ländern unter dem Gesichtspunkt der Realisierung ihrer jeweiligen nationalen wirtschaftspolitischen Ziele überlassen werden sollte. So wurde es als ein Ziel des Sonderziehungsrechts-Standards angesehen, die offensichtlichen Fehlentwicklungen des Bretton-Woods-Systems, bei dem die Vereinigten Staaten die ihnen zugedachte Rolle als eine Art Weltzentralbank im Laufe der Zeit völlig vernachlässigten und eine Wirtschaftspolitik ohne Rücksicht auf ihre Zahlungsbilanzsituation und den Wert des Dollar betrieben haben, einzuschränken. Die Mehrzahl der Mitgliedsländer des Währungsfonds war nicht mehr bereit, sich dem Einfluß der amerikanischen Wirtschaftspolitik zu unterwerfen, wie dies beim Dollar-Standard der Fall war. Die Schaffung internationaler Reserven sollte mehr und mehr durch ein Kollektivorgan erfolgen und unabhängig von der jeweiligen wirtschaftspolitischen Situation in den Vereinigten Staaten vorgenommen werden.

Es wurde erwartet, daß ein Sonderziehungsrechts-Standard weniger inflationsträchtig sein würde als der Dollar-Standard. Zwei wichtige Voraussetzungen wurden hierbei unterstellt:

1. daß die Ursache der Weltinflation in der übermäßigen Schaffung von Währungsreserven zu sehen sei und
2. daß eine Kontrolle der internationalen Liquidität durch den Währungsfonds das Wachstum der Währungsreserven im Vergleich zum Dollar-Standard verringern würde.

Wie bereits zuvor dargelegt wurde, ist ein unmittelbarer und enger Zusammenhang zwischen einer weltweiten Ausdehnung der Währungsreserven und der Weltinflationsrate nicht zu konstatieren. Der Grund hierfür liegt darin, daß Zahlungsbilanzüberschußländer die Aufwertung ihrer Währungen durch den Ankauf überbewerteter Leitwährungen zu verhindern versuchten und deren Einfluß auf die inländische Inflationsrate durch eine kontraktive inländische Geldpolitik zumindest eine Zeitlang neutralisierten. Von seiten der Zahlungsbilanzüberschußländer erfolgten derartige währungspolitische Eingriffe mit dem Ziel, das Einkommen der im Exportsektor Tätigen für einige Zeit zu erhalten. Zahlungsbilanzdefizitländer waren demgegenüber bestrebt, das Realeinkommen in ihrer Volkswirtschaft durch den Abbau von Währungsreserven oder durch internationale Kredite für einige Zeit über dem durch die tatsächliche Wirtschaftsentwicklung gerechtfertigten Niveau zu halten.

Die Theorie lehrt und die Erfahrung hat gezeigt, daß die Überschußländer bei einer Nichtanpassung der Wechselkurse langfristig die Inflation importieren und die Deflationsländer die Inflation exportieren. Ob und inwieweit die Defizitländer gezwungen werden können, ihre Inflationspolitik aufzugeben, hängt letztendlich von der Verfügbarkeit über Währungsreserven ab. Ohne die Bereitstellung derartiger Reserven müßten die Defizitländer sehr viel früher zu einer restriktiven Anpassungspolitik übergehen. Insofern gehen von einer übermäßigen Expansion der Währungsreserven im Endeffekt weltweite inflationäre Prozesse aus.

Ob der Übergang von einem Dollar-Standard zu einem Sonderziehungsrechts-Standard gewährleistet, daß die Weltinflationsrate verringert wird, ist sehr fraglich. Letztlich ist die Schaffung von internationaler Liquidität unter dem Sonderziehungsrechts-Standard ähnlich politisch motiviert wie unter dem Dollar-Standard. Der Unterschied besteht lediglich darin, daß beim Dollar-Standard die Mehrheit im amerikanischen Kongreß über das Budget-Defizit der Vereinigten Staaten und damit über die internationale Liquiditätssituation entscheidet, während bei dem Sonderziehungsrechts-Standard 85 % des Stimmenanteils der Mitgliedsländer im Währungsfonds hierüber befinden. Mit einem zunehmenden politischen Einfluß der Defizitländer, d. h. vor allem der Entwicklungsländer, ist nicht auszuschließen, daß die Gremien des Währungsfonds künftig genau so großzügig bei der Schaffung zusätzlicher Sonderziehungsrechte verfahren wie zuvor der amerikanische Kongreß bei der Schaffung zusätzlicher Dollar. Eine Kontrolle der Weltinflation wäre dann bei einem Sonderziehungsrechts-Standard ebensowenig möglich wie bei dem Dollar-Standard[3].

c) Verbesserung des Zahlungsbilanzanpassungsprozesses

Die Ermöglichung eines weitgehend störungsfreien Anpassungsprozesses der Zahlungsbilanz bei plötzlich auftretenden binnenwirtschaftlichen Schwierigkeiten ist ein wichtiges Ziel aller Währungssysteme der Nachkriegszeit. Länder, die durch exogene Einflüsse, wie etwa eine drastische Verschlechterung ihrer Exporterlöse oder eine ungewöhnliche Erhöhung wichtiger Importgüterpreise in eine Zahlungsbilanzdefizit-Situation geraten sind, sollten durch die Bereitstellung von Währungsreserven in die Lage versetzt werden, ihre Defizite durch eine entsprechende Binnenwirtschaftspolitik möglichst beschäftigungsneutral abzubauen. Auf der anderen Seite sollten Länder, deren Exporterlöse sich plötzlich stark verbesserten und die daher Zahlungsbilanzüberschüsse aufwiesen, zunächst Währungsreserven so lange akkumulieren, bis ihre inländische Wirtschaftsstruktur eine höhere Absorption zuließ. Die diesbezügliche Anpassungsqualität eines Wäh-

[3] Das gilt vor allem, wenn es den Entwicklungsländern gelänge, ihre Forderung „one country, one vote" im Währungsfonds und anderen internationalen Finanzorganisationen durchzusetzen.

rungssystems hängt entscheidend ab von der Art und den Mechanismen der Reserveschaffung sowie von seiner Fähigkeit, langfristig zu starke Akkumulationen und Dekumulationen von Währungsreserven zu verhindern. Sie hängt ferner davon ab, in welchem Ausmaß das System Anpassungskredite für alle Teilnehmerländer und nicht nur für einzelne privilegierte Länder ermöglicht.

Der Dollar-Standard tendierte fast in jeder Beziehung zur Verstärkung von Zahlungsbilanz-Ungleichgewichten statt zu ihrem Abbau beizutragen. Er erlaubte den Vereinigten Staaten als Leitwährungsland eine nahezu unkontrollierte Politik der Defizitfinanzierung des Staatshaushalts. Die Vereinigten Staaten beglichen in diesem System ihre permanenten Zahlungsbilanz-Defizite mit neu emittierten Staatsschuldtiteln. Für andere Länder bedeutete dies die Hinnahme von Zahlungsbilanz-Überschüssen und die Akkumulation von Dollar-Forderungen als Währungsreserven. Weder für die Vereinigten Staaten als größtem Defizitland noch für die Zahlungsbilanz-Überschußländer war ein Zwang zur Anpassung gegeben. Darüber hinaus vollzog sich der Mechanismus der Reserveschaffung nicht nach den Gesichtspunkten der Versorgung der Weltwirtschaft mit internationaler Liquidität, sondern ausschließlich nach den Erfordernissen der amerikanischen Finanzpolitik. Diese Art der Reserveschaffung führte zum einen dazu, daß die Weltwirtschaft im Zeitablauf sehr unterschiedlich mit internationaler Liquidität versorgt wurde und zum anderen dazu, daß die Reserveverteilung von vornherein völlig ungleichgewichtig vonstatten ging. Die Vereinigten Staaten waren unter dem Dollar-Standard kurz- und mittelfristig eindeutig privilegiert.

Ein Sonderziehungsrechts-Standard hätte in bezug auf die Zahlungsbilanzanpassung gegenüber dem Dollar-Standard eine Anzahl von Vorzügen. Zunächst einmal begünstigt die Reserveschaffung nicht mehr nur ein einziges Land, sondern alle Länder erhalten eine Zuteilung von Reserven im Ausmaß ihrer Quote. Da die Quoten der einzelnen Länder zumindest tendenziell ihre Bedeutung im Welthandel widerspiegeln, haben sie alle in etwa die gleiche Möglichkeit, Zahlungsbilanz-Defizite mit Sonderziehungsrechten zu begleichen. Ein Sonderziehungsrechts-Standard gibt also sämtlichen Defizitländern in gleichem Ausmaß eine gewisse Chance, ihre Binnenwirtschaftspolitik den Erfordernissen der Zahlungsbilanz anzupassen. Allerdings spiegeln die Quoten im Währungsfonds nicht die Verhältnisse der Zahlungsbilanz-Positionen wider.

Um zu gewährleisten, daß die Defizitländer sich tatsächlich bemühen, ihre Defizite abzubauen und die Überschußländer ihre Überschüsse verringern, muß ein Sonderziehungsrechts-Standard mit gewissen Anpassungszwängen ausgestattet sein. Für Defizitländer bedeutet dies die

Pflicht zur Rekonstitution nach der Inanspruchnahme von Sonderziehungsrechten und für Überschußländer die Fixierung einer Obergrenze für die Akkumulation von Sonderziehungsrechten über die Zuteilung hinaus.

Wie zuvor aufgezeigt, ist eine Rekonstitutionspflicht bereits im jetzigen Sonderziehungsrechts-System vorgesehen. Allerdings laufen die seit dem 1. Januar 1979 eingeführten Neuerungen eindeutig auf eine Verringerung des Anpassungsdrucks für die Defizitländer hinaus. Für die Überschußländer besteht gegenwärtig ein Annahmezwang bis zu 200 % der zugeteilten Quote. Eine Beschränkung der Annahme von Sonderziehungsrechten ist nicht gegeben.

d) Verringerung von Wechselkursschwankungen

Als weiteres Argument zugunsten eines Sonderziehungsrechts-Standards wird herausgestellt, daß dieser dazu beitragen könnte, Wechselkursschwankungen zu verringern. Begründet wird dieses Argument damit, daß ein in erster Linie auf Sonderziehungsrechten beruhendes Währungssystem den Zentralbanken weniger Spielraum beläßt, um spekulative Währungsumschichtungen vorzunehmen. Hierbei ist zu bedenken, daß durch Währungssubstitution der Zentralbanken bzw. der Regierungen bewirkte Instabilitäten der Wechselkurse sich so lange nicht verhindern lassen, wie die Länder nicht gezwungen sind, 100 % ihrer Währungsreserven in Form von Sonderziehungsrechten zu halten. Aber selbst dann sind die Zentralbanken noch in der Lage, Spekulationsgeschäfte durchzuführen, wenn sie sich Reserven borgen können oder wenn sie Reservewährungen besitzen, die nicht unter die Sonderziehungsrechts-Regelung fallen.

In diesem Zusammenhang stellt sich die Frage, wie der Währungsfonds, der ein solches System bei den vorhandenen hohen Beständen an Reserven nur durch die Einführung eines Substitutionskontos realisieren kann, die eingetauschten kurzfristigen Dollar-Forderungen verwenden würde. Kann er sich, wenn er die Zinszahlungen für die vom Substitutionskonto emittierten Sonderziehungsrechte erwirtschaften soll, überhaupt grundlegend anders verhalten als zuvor die Zentralbanken und Regierungen? Steigt nicht der Subventionsbedarf ins Unermeßliche, wenn bei den Versuchen einer Wechselkursstabilisierung Verluste gemacht werden? Derartige Fragen sind im Zusammenhang mit dem Wechselkurs-Argument grundlegend zu berücksichtigen.

e) Verringerung eines Verlustrisikos bei den Währungsreserven

Ein weiteres häufig genanntes Argument zugunsten eines Sonderziehungsrechts-Standards ist, daß Sonderziehungsrechte weniger im Wert schwanken als einzelne Währungen oder Gold. Begründet wird dies damit, daß der Wert der Sonderziehungsrechte aus einem Korb individueller Währungen als gewogener Durchschnitt berechnet wird. Es wird daraus gefolgert, daß Zentralbanken mit dem Ziel der Wertsicherung ihrer Währungsreserven ein Interesse an einem Sonderziehungsrechts-Standard haben müßten.

Das Halten von Sonderziehungsrechten unter dem Gesichtspunkt der Minimierung des Kaufkraftverlustes ist indessen nur für solche Zentralbanken interessant, die Reservewährungen in ihrem Portefeuille haben, deren Wert sich gegenüber den Sonderziehungsrechten verschlechtert. Wie zuvor aufgezeigt werden konnte, galt dies in den vergangenen zehn Jahren tendenziell für den Dollar, das Pfund Sterling, den Französischen Franken und die Italienische Lira. Allerdings ist es nicht sicher, ob die auf dem festen Gewichtungsschema basierenden Sonderziehungsrechte wertstabiler sind als ein aus verschiedenen Währungen zusammengesetztes, flexibel gestaltetes Portefeuille. Dies dürfte auch der Grund dafür sein, daß die von den OPEC-Staaten mehrfach angedrohte Verwendung der Sonderziehungsrechte anstelle des Dollar als Rechenmittel bisher nicht realisiert worden ist. Grundsätzlich bereitet es keine Schwierigkeiten, ein Portefeuille an Währungsreserven zusammenzustellen, das genau so viel Wertstabilität liefert wie die Sonderziehungsrechte. Allemal besser gestanden als bei der Haltung von Sonderziehungsrechten hätten sich die Zentralbanken, wenn sie überwiegend harte Währungen wie Schweizer Franken, Deutsche Mark, Japanische Yen und Holländische Gulden in ihr Portefeuille aufgenommen hätten.

Hierbei darf jedoch nicht übersehen werden, daß die harten Währungen meist niedrigere Zinsen erbringen als weiche Währungen. Dafür sind bei den harten Währungen die Kaufkraftverluste geringer als bei den weichen Währungen. Langfristig kann allerdings davon ausgegangen werden, daß sich beide Effekte neutralisieren. Langfristig spiegeln nämlich die Zinssätze die erwartete Kaufkraftentwicklung und damit die Aufwertungs- und Abwertungstendenz einer Währung wider. Während kurzfristig erhebliche Verluste bei einer Anlage in weichen Währungen auftreten können, braucht dies langfristig keineswegs der Fall zu sein. Die Abwertungstendenz derartiger Währungen wird durch hohe Zinsen ausgeglichen. Unter dem Aspekt der Betrachtung einer längeren Periode hat die Wahl der Struktur des Portefeuilles an Währungsreserven daher nicht mehr die gleiche Bedeutung wie für die kurze Periode.

2. Vorschläge zu einem Sonderziehungsrechts-Standard

a) Partieller Sonderziehungsrechts-Standard

Unter einem partiellen Sonderziehungsrechts-Standard soll ein internationales Währungssystem verstanden werden, bei dem die Zentralbanken auf der einen Seite einen festen Mindestanteil ihrer Reserven in Form von Sonderziehungsrechten halten müssen, bei dem aber auf der anderen Seite der Dollar seine Funktion als internationale Reservewährung nicht verliert[4]. Das System ähnelt in seiner Ausgestaltung und seinen Grundüberlegungen einem nationalen Mindestreservesystem. Während im nationalen Mindestreservesystem die Zentralbank die Befugnis hat, den inländischen Geschäftsbanken die Haltung eines bestimmten Anteils an nationalem Zentralbankgeld gegenüber Depositen vorzuschreiben, soll der Währungsfonds auf internationaler Ebene in die Lage versetzt werden, den Zentralbanken der einzelnen Mitgliedsländer vorzuschreiben, in welcher Relation sie Sonderziehungsrechte gegenüber anderen Arten von Währungsreserven zu halten haben. Auf nationaler Ebene soll die Mindestreservepolitik dazu dienen, die Wachstumsrate der inländischen Geldmenge zu steuern. Auf internationaler Ebene ist es das Ziel des partiellen Sonderziehungsrechts-Standards, die Versorgung der Weltwirtschaft mit internationaler Liquidität zu kontrollieren. Die Sonderziehungsrechts-Reserven resultieren hierbei zum einen aus Zuteilungen; zum anderen könnten sie von den Zentralbanken aber auch durch Hingabe von Reservewährungen erworben werden.

Welche ökonomischen Konsequenzen ergeben sich aus dem partiellen Sonderziehungsrechts-Standard bezogen auf die Anpassungsreaktionen von Zahlungsbilanz-Defizitländern und Zahlungsbilanz-Überschußländern, und wie wirkt sich das System für die Vereinigten Staaten aus? Grundsätzlich können Defizitländer einer Abwertung ihrer Währung dadurch entgegenwirken, daß sie diese mit vorhandenen oder mit geborgten Dollar-Reserven stützen, indem sie Dollar verkaufen und ihre eigene Währung aufkaufen. Ihre Sonderziehungsrechts-Bestände brau-

---

[4] Ein derartiger Vorschlag wurde 1975 von dem damaligen Managing Director des Währungsfonds, H. Johannes Witteveen, gemacht. Er wurde anschließend aufgegriffen und diskutiert bei: Solomon, Robert, Techniques to Control International Reserves, in: Mundell, Robert A. und Polak, Jacques J. (Hg.), The New International Monetary System, New York 1977, S. 199 ff.; Murphy, Carter J., The International Monetary System, S. 191 ff.

chen sie hierzu nicht in Anspruch zu nehmen. Bei der Aufnahme von Dollar-Krediten bleibt der Sonderziehungsrechts-Reservesatz unverändert; bei einem Abbau des Dollar-Bestandes steigt er an. Derartige Interventionen eines Defizitlandes führen zu einer Abwertung des Dollar gegenüber den Währungen der Überschußländer. Ein Teil der Inflation des Defizitlandes wird hierbei in die Vereinigten Staaten und in all jene Länder übertragen, deren Wechselkurs in einem festen Verhältnis zum Dollar steht. Der Inflationstransfer vollzieht sich in diesem Fall genau so wie beim Dollar-Standard.

Ähnliche ökonomische Wirkungen ergeben sich, wenn das Defizitland gleichzeitig in Sonderziehungsrechten interveniert. In einem solchen Fall müssen die Überschußländer Dollar zur Verfügung stellen, so daß der Dollar hierdurch unter Abwertungsdruck gerät. Der Sonderziehungsrechts-Reservesatz der Überschußländer steigt dann an, während der Reservesatz der Defizitländer eventuell unverändert bleibt, wenn Dollar und Sonderziehungsrechte im gleichen Verhältnis abgebaut werden.

Interveniert ein Überschußland am Markt, um einer Aufwertung seiner Währung entgegenzuwirken, ergeben sich folgende Effekte: Das Überschußland erwirbt Dollar gegen Hingabe von eigener Währung. Zur Aufrechterhaltung der Reserverelation macht ein solcher Dollarkauf gleichzeitig den Kauf von Sonderziehungsrechten erforderlich, sofern nicht überschüssige Sonderziehungsrechte vorhanden sind. Das Überschußland kann sich die Sonderziehungsrechte am einfachsten bei den Defizitländern beschaffen. Erwirbt es Sonderziehungsrechte durch Tausch gegen seine eigene Währung, müssen die Defizitländer, um ihren Sonderziehungsrechts-Reserveverpflichtungen nachzukommen, gleichzeitig ihren Dollar-Bestand abbauen. Hierdurch erhöht sich das Dollar-Angebot, und die Defizitländer müssen eigene Währungen zurückkaufen. Für den Dollar resultiert daraus ein Aufwertungseffekt gegenüber der Währung des Überschußlandes und ein Abwertungseffekt gegenüber Währungen der Defizitländer.

Für den partiellen Sonderziehungsrechts-Standard folgt somit, daß Überschußländer in ihrer Zahlungsbilanzpolitik insofern beschränkt werden, als sie sich Sonderziehungsrechte besorgen müssen, wenn sie ihren außenwirtschaftlich orientierten Sektor und die dort Beschäftigten vor einer zu starken Aufwertung schützen wollen. Für sie ist also ein Anpassungsdruck gegeben, der bei dem Dollar-Standard nicht besteht. Bei Defizitländern gibt es dagegen einen solchen Anpassungsdruck nicht. Da der Sonderziehungsrechts-Reservesatz ein Minimal- und kein Maximalsatz ist, können sie zur Stützung ihrer Währung ihren Dollar-Bestand abbauen, ohne den Sonderziehungsrechts-Bestand beachten zu müssen. Im Endeffekt müssen Überschußländer aufwerten, wenn sie sich keine Sonderziehungsrechte mehr beschaffen können und Defizitländer abwerten, wenn sie über keine Sonderziehungsrechte mehr verfügen.

Tendenziell werden die Überschußländer in diesem System zu Netto-Sonderziehungsrechts-Schuldnern gegenüber den Defizitländern, während sich dies im jetzt praktizierten System umgekehrt verhält. Im Dollar-Standard akkumulieren die Überschußländer Sonderziehungsrechte und werden damit zu Netto-Sonderziehungsrechts-Gläubigern. Die Zahlungsbilanz-Disziplin der Überschußländer nimmt im hier betrachteten Sonderziehungsrechts-Standard also einen höheren Rang ein als die Kreditbedürfnisse der Defizitländer.

Für die Vereinigten Staaten ändert sich im partiellen Sonderziehungsrechts-Standard wenig gegenüber dem Dollar-Standard. Da für sie die Dollar-Schöpfung nicht an den Bestand von Sonderziehungsrechten gebunden werden kann, sind sie wie unter dem Dollar-Standard frei, eine beliebige expansive oder kontraktive Geld- und Fiskalpolitik zu betreiben. Die Ergebnisse sind ebenfalls die gleichen: Bei einer expansiven Politik sinkt der Wert des Dollar gegenüber solchen Ländern, die eine weniger expansive Politik betreiben, und bei einer restriktiven Politik steigt der Wert des Dollar entsprechend. In beiden Systemen sind die Vereinigten Staaten in der Lage, die Weltkonjunktur zu beeinflussen. Für die Weltwirtschaft resultiert aus dem partiellen Sonderziehungsrechts-Standard kein großer Vorteil, so lange die Expansion der nationalen Geldmenge nicht an die Expansion der Sonderziehungsrechte gebunden ist.

b) Totaler Sonderziehungsrechts-Standard

Ein radikaleres und konsequenteres System eines Sonderziehungsrechts-Standards, das auf die völlige und direkte Kontrolle der internationalen Liquidität durch den Währungsfonds abzielt, ist von Hirsch vorgeschlagen worden[5]. Bei diesem Vorschlag geht es darum, ein Reservesystem zu schaffen, mit dem die Zentralbanken Währungsreserven ausschließlich in Form von Sonderziehungsrechten halten dürfen und aus Zahlungsbilanz-Ungleichgewichten resultierende Finanzübertragungen über ein Sonderziehungsrechts-Verrechnungskonto abgewickelt werden müssen. Erlaubt sind lediglich geringe Transaktionskassenbestände in anderen Währungen. Darüber hinausgehende Bestände müssen in Sonderziehungsrechte eingetauscht werden. Es ist ein zentrales Anliegen des totalen Sonderziehungsrechts-Standards, keine An-

[5] Hirsch, Fred, An SDR Standard: Impetus, Elements and Impediments, Essays in International Finance, No. 99, Princeton, New Jersey 1973, S. 7 - 14.

sammlungen von Reservewährungen bei den Zentralbanken entstehen zu lassen. Die vorhandenen Bestände an Währungsreserven außerhalb der Sonderziehungsrechte sind aus dem System herauszunehmen oder in Sonderziehungsrechte einzutauschen. Gold sollte hierbei völlig demonetisiert werden. Für die Haltung von Sonderziehungsrechten außerhalb des Kreises der Zentralbanken und dem Währungsfonds ist in einem solchen System kein Platz. Sonderziehungsrechte sind das alleinige Rechenmittel, das alleinige Wertaufbewahrungsmittel und die alleinige Währungsreserve der Zentralbanken. Die Verwendung von nationalen Währungen bleibt ausschließlich dem privaten Sektor überlassen.

Die technische Abwicklung von Finanztransaktionen im Zusammenhang mit Zahlungsbilanz-Überschüssen und Zahlungsbilanz-Defiziten erfolgt im Rahmen der zugeteilten Sonderziehungsrechte und im Rahmen von Kreditvereinbarungen zwischen den Ländern ausschließlich über den Währungsfonds in Form von Sonderziehungsrechten. Die Wechselkurse zwischen den einzelnen Währungen, zu denen die Verrechnungen vorgenommen werden, sollten hierbei die Marktkurse sein. Diese Kurse können auch durch stabilitätsorientierte Interventionen der Zentralbanken mitbeeinflußt werden. Da die Zentralbanken keine Reservewährungen halten dürfen, sind Devisenmarkt-Interventionen auf der Basis von Währungskrediten bei den jeweils emittierenden Zentralbanken vorzunehmen. Die Verrechnung dieser Kredite sollte periodenweise unter Berücksichtigung von zwischenzeitlich erworbenen Währungen der betreffenden Länder in Sonderziehungsrechten erfolgen.

In einem derartigen System variiert der Wechselkurs des Dollar gegenüber allen anderen Währungen genau so stark wie der Wechselkurs unter dritten Währungen. Gleichzeitig erreicht der Dollar nur die Hälfte der Schwankungsbreite der übrigen Währungen. Ein solches System würde auch Marktinterventionen von seiten der Vereinigten Staaten erleichtern. Eine Korrektur des Dollarkurses bliebe dann nicht mehr allein den anderen Ländern überlassen, wie dies im Bretton-Woods-System vorwiegend der Fall war.

Der von Hirsch vorgeschlagene totale Sonderziehungsrechts-Standard mit seiner Beschränkung der Verwendung von Sonderziehungsrechten ausschließlich auf die Zentralbanken soll verhindern, daß ein Sonderziehungsrechts-Tauschstandard entsteht. Die Zulassung eines Tauschstandards wird als wesentliche Ursache für Instabilitäten von Währungssystemen angesehen. So weist Kindleberger darauf hin, daß die Schwierigkeiten mit dem Gold-Dollar-Standard nicht aus einer zu geringen Liquiditätsversorgung resultierten, sondern aus der Instabilität des Dollar[6].

Die Instabilität war nach Kindleberger eine Folge des Greshamschen Gesetzes, nach dem bei festen Wechselkursen das schlechte Geld das gute verdrängt. So wurde beispielsweise mit der Zunahme der Auslangsverschuldung der Vereinigten Staaten und dem damit verbundenen Wertzerfall des Dollar das Gold zu einem immer weniger transferierbaren Reservemedium. Der Dollar verdrängte das Gold nach und nach aus seiner Funktion als internationale Reserveeinheit. Gold wurde von den Marktteilnehmern immer mehr gehortet. Auch die Zentralbanken verschlossen sich dieser Entwicklung nicht. Die amerikanische Regierung hob schließlich die Goldkonvertibilität des Dollar auf.

c) Sonderziehungsrechte als Parallelwährung

In den bisher dargestellten Vorschlägen zur Schaffung eines Sonderziehungsrechts-Standards wurde davon ausgegangen, daß Sonderziehungsrechte ausschließlich von Zentralbanken gehalten und zum offiziellen internationalen Liquiditätsausgleich verwendet werden. Ein derartiger Standard bedeutet, daß die Tauschmitteleigenschaft allein auf den öffentlichen Sektor beschränkt bleibt. Es ist jedoch ein Sonderziehungsrechts-Standard denkbar, bei dem Sonderziehungsrechte von Geschäftsbanken oder sogar von anderen privaten Wirtschaftseinheiten gehalten und zum Zahlungsverkehr eingesetzt werden. Ein solcher Sonderziehungsrechts-Standard ist von Chrystal vorgeschlagen worden[7].

Chrystal wendet sich gegen einen Sonderziehungsrechts-Standard, der den einzelnen Volkswirtschaften aufgezwungen wird. Stattdessen fordert er ein Währungssystem, bei dem die Sonderziehungsrechte so ausgestaltet werden, daß sie anderen Geldarten so überlegen sind, um von privaten Wirtschaftseinheiten freiwillig gehalten zu werden. Als die wichtigste Voraussetzung hierfür sieht er die Verzinsung der Sonderziehungsrechte zu Marktbedingungen an. Marktzinsen sollten nicht nur für die Netto-Sonderziehungsrechts-Forderungen gezahlt werden, sondern für den Gesamtbestand an Sonderziehungsrechten, der von den Zentralbanken gehalten wird.

Die Zinszahlungen sollen finanziert werden, indem der Währungsfonds Dollar-Aktiva und Aktiva in anderen Währungen auf der Grundlage von Sonderziehungsrechten ausgibt. Mit der Basierung von Dollar-Aktiva auf Sonderziehungsrechten lassen sich nach Auffassung von Chrystal zwei Probleme gleichzeitig lösen: der Abbau des Dollar-Über-

[6] Kindleberger, Charles P., The SDR as International Money, in: Coulbois, Paul (Hg.), Essais en L'Honneur de Jean Marchal, Bd. 2, La Monnaie, Paris 1975, S. 304.

[7] Chrystal, K. Alec, International Money and the Future of the SDR, Essays in International Finance, No. 128, Princeton, New Jersey 1978, S. 25 - 28.

hangs und die Einführung eines Substitutionskontos. Ein offiziell institutionalisiertes Substitutionskonto würde nicht nötig sein, und der Währungsfonds würde in die Lage versetzt werden, auf Sonderziehungsrechte lautende Depositen auch von privaten Geschäftsbanken anzunehmen.

In einem derartigen System würde der Währungsfonds nicht mehr nur die Zuteilung von Sonderziehungsrechten vornehmen und die Verrechnung durch die Zentralbanken abwickeln, wie es gegenwärtig der Fall ist. Vielmehr würde er zu einer Art Weltzentralbank und Weltinvestment-Center werden. Der Währungsfonds würde innerhalb eines solchen Systems in die Lage versetzt werden, Offenmarkt-Operationen vorzunehmen. Er könnte auf diese Weise die internationale Liquidität weit besser kontrollieren als zur Zeit und hätte simultan eine weitgehende Umschuldung der Dollar-Forderungen erreicht.

Um die nationale Geldpolitik bei diesem System nicht zu unterlaufen, soll die Abwicklung der Transaktionen zwischen dem Währungsfonds und den einzelnen Geschäftsbanken über die Zwischenschaltung der Zentralbank der betreffenden Länder erfolgen. Der Währungsfonds würde so seine Geschäfte wie bisher nur mit den Zentralbanken tätigen. Die nationalen Zentralbanken würden letztlich für die Abgabe von Sonderziehungsrechts-Depositen des Währungsfonds an die privaten Geschäftsbanken verantwortlich sein. Unabhängig hiervon sollten Geschäftsbanken nach wie vor die Möglichkeit haben, mit privaten Nichtbanken auf Sonderziehungsrechte lautende Aktiv- und Passivgeschäfte abzuschließen.

Langfristig würde die Einführung eines Sonderziehungsrechts-Standards nach Chrystal dazu führen, daß die Sonderziehungsrechte die wichtige Rolle der n-ten Währung im internationalen Währungssystem übernehmen können. Dies bedeutet, daß alle Wechselkurse in Sonderziehungsrechten ausgedrückt werden. Es ergibt sich dann allerdings das Problem, daß Sonderziehungsrechte in einer festen Beziehung gegenüber anderen Währungen und/oder in einer festen Beziehung gegenüber den Güterpreisen stehen müßten.

d) Beurteilung der Vorschläge

Der partielle Sonderziehungsrechts-Standard läuft ebenso wie der totale Sonderziehungsrechts-Standard auf die direkte Kontrolle der internationalen Liquidität durch den Währungsfonds hinaus. Beide vorgeschlagenen Standards gehen damit von einer wesentlich anderen Zielsetzung aus als das jetzige Sonderziehungsrechts-System. Das jetzige System stellt eine zusätzliche Versorgung mit internationaler Liquidität dar, die den Charakter eines Überziehungskredits trägt. Die zugeteilten Sonderziehungsrechte können für eine bestimmte Zeit als Kredit zur Abdeckung von Zahlungsbilanz-Defiziten in Anspruch genommen werden. Bei den diskutierten Standards entfällt diese Möglichkeit.

Eine weitere Änderung gegenüber der jetzigen Praxis würde sich dadurch ergeben, daß die Gestaltungsfreiheit der Zentralbanken bei der Zusammenstellung ihrer Portefeuilles an Währungsreserven beim partiellen Standard eingeengt und beim totalen Standard völlig aufgehoben wird. Beim partiellen Standard können die Zentralbanken nur noch über die Nicht-Sonderziehungsrechts-Bestände an Währungsreserven frei disponieren. In beiden Standards bleibt den Zentralbanken allerdings die Möglichkeit, mittels geborgter Währungsreserven, die nicht unter die Reservepflicht fallen, gewünschte Devisentransaktionen vorzunehmen.

Bei dem totalen Sonderziehungsrechts-Standard ergeben sich all jene Probleme, die zuvor schon im Zusammenhang mit der Einführung des Substitutionskontos diskutiert worden sind. Da in diesem Fall fast alle Währungsreserven an den Währungsfonds übertragen werden müssen, sind vor allem die Fragen der Wertsicherung und der Zinsaufbringung zu klären.

Prinzipiell bedeuten die beiden Sonderziehungsrechts-Standards einen gravierenden Einschnitt in die nationale Souveränität der Mitgliedsländer. Sie implizieren die Übertragung wichtiger nationaler währungspolitischer Entscheidungen an ein internationales Kollektiv. Die Aufgabe eines Teils der währungspolitischen Souveränität erfolgt jedoch nicht ohne Gegenleistung. Dem Nutzenentgang, der in dem Verzicht auf die freie Gestaltung der Höhe und Struktur der Währungsreserven zu sehen ist, kann ein Nutzenzugang in Form einer größeren Stabilität des internationalen Währungssystems und eine verringerte Weltinflationsrate gegenüberstehen. Die Einschränkung der Gestaltungsfreiheit über die Währungsreserven wird als ein wichtiger Preis der einzelnen Länder für das kollektive Gut eines verbesserten Währungssystems angesehen[8]. Dieser Preis ist nach Hirsch durch die im jetzigen System praktizierte freie Zuteilung von Sonderziehungsrechten nicht zum Ausdruck gekommen.

Ein weiterer Preis des Sonderziehungsrechts-Standards könnte darin bestehen, daß einzelne Länder den Zugang zu günstigen Kreditmöglichkeiten innerhalb ihres privaten Bankensystems verlieren. Dies könnte vor allem bei kleineren Ländern der Fall sein, die ihre Währungsreserven durch das private Bankensystem anlegen lassen und hierfür

[8] Vgl. Hirsch, Fred, An SDR Standard: Impetus, Elements and Impediments, S. 15.

das Privileg von Sonderkonditionen bei Krediten genießen. Die Haltung von Sonderziehungsrechten anstelle von anderen Währungsreserven würde derartige Staaten schlechter stellen[9].

Die hiermit aufgezeigten Probleme, die aus der Sicht eines einzelnen Landes gegen die Einführung der diskutierten Sonderziehungsrechts-Standards sprechen, werden von Hirsch als unbedeutend bzw. lösbar angesehen, sofern eine Verzinsung des Gesamtbestandes der Sonderziehungsrechte zu Marktbedingungen erfolgt. In einem solchen Fall würden sich für die Länder keine Nachteile mehr ergeben, sondern nur noch Vorteile. Aus diesem Grund sollte ein nach strikten Stabilitäts- und Anpassungsgesichtspunkten konzipierter neuer Sonderziehungsrechts-Standard nicht allen Mitgliedern des Währungsfonds offen stehen, sondern nur denen, die bereit sind, sich den strengen Regeln eines solchen Standards zu unterwerfen.

Die auf die strikte kollektive Kontrolle der internationalen Liquidität abgestellten Sonderziehungsrechts-Standards können bei von ökonomischer Rationalität dominierten Entscheidungen des Währungsfonds die von ihnen gesteckten Ziele, vor allem das Ziel der Kontrolle der Währungsreserven, zweifellos erreichen. Eine Kontrolle der Weltgeldmenge läßt sich mit einem solchen Standard allerdings nicht realisieren. Die Entwicklung der Weltgeldmenge kann sich unter allen diskutierten Sonderziehungsrechts-Standards wie zuvor weitgehend losgelöst von der Ausdehnung der Währungsreserven vollziehen. Es ist daher fraglich, ob mit den dargestellten Sonderziehungsrechts-Standards die erwartete Wechselkursstabilisierung und die Verhinderung der Weltinflation erreicht werden können.

Die beiden bislang diskutierten Sonderziehungsrechts-Standards stellen zudem Zwangssysteme zur Ausdehnung der Sonderziehungsrechte als Währungsreserve dar. Sie vermögen vielleicht dazu beizutragen, den Sonderziehungsrechten im offiziellen internationalen Zahlungsverkehr stärkere Geltung zu verschaffen und die Verwendung des Dollar dort entsprechend zurückzudrängen. Im privaten Bereich werden sich die Sonderziehungsrechte dagegen nur durchsetzen, wenn sie gegenüber anderen internationalen Währungen konkurrenzfähig sind. Eine solche Konkurrenzfähigkeit ließe sich am einfachsten dadurch herstellen, daß für die Sonderziehungsrechte die Gewähr gegeben wird, daß ihr Wert stabiler sein wird als der Wert anderer Währungen. Eine Möglichkeit hierzu besteht in der Ankündigung und Verfolgung einer Politik des knappen Geldes. Dies würde bedeuten, daß das Angebot an Sonder-

---

[9] Vgl. Cooper, Richard N., Eurodollars, Reserve Dollars and Asymmetries in the International Monetary System, in: Journal of International Economics, Vol. 2 (1972), S. 331.

ziehungsrechten nur in relativ geringem Umfang ausgedehnt wird. Allerdings müßten die Sonderziehungsrechte dann alle Geldfunktionen genau so gut erfüllen wie internationale Konkurrenzwährungen. Andernfalls würde für sie unter Wettbewerbsbedingungen keine Nachfrage bestehen.

Eine andere Möglichkeit, Sonderziehungsrechte zu einer konkurrenzfähigen internationalen Währung auszubauen, ist die Abgabe einer Wertgarantie. Eine solche Wertgarantie ließe sich durch die Bindung an einen Kaufkraftindex, z. B. an einen Preisindex für ein typisches Bündel international gehandelter Güter, erreichen[10]. Denkbar wäre auch die Bindung an den Preisindex eines einzelnen Landes oder einer Gruppe von Ländern. Schließlich ist mit der Bindung des Sonderziehungsrechts-Wertes an den Wechselkurs einer einzelnen Währung oder einer Gruppe von Währungen in gewissem Ausmaß eine Kaufkraftgarantie dadurch gegeben, daß Währungen von Ländern mit hohen Inflationsraten einer Abwertungstendenz unterliegen und Währungen von Ländern mit niedrigen Inflationsraten einer Aufwertungstendenz[11]. Die letztgenannte Möglichkeit ist vom Währungsfonds zunächst in Form einer Bindung an den Goldpreis und später an ein Währungsbündel praktiziert worden.

3. Grundansätze zu einem Sonderziehungsrechts-Standard

a) Mindestvoraussetzungen

Die bisherige Analyse hat gezeigt, daß die Einführung von Sonderziehungsrechten entweder auf Zwangsbasis oder auf freiwilliger Basis erfolgen kann. Die Einführung auf Zwangsbasis ermöglicht es, zumindest auf eine der drei wichtigsten Geldfunktionen, nämlich die Zahlungsmittelfunktion, zu verzichten. Im Mittelpunkt der zwangsweisen Einführung der Sonderziehungsrechte steht die Rechenmittelfunktion. Sie erfordert zugleich eine gewisse Beachtung der Wertaufbewahrungsmittelfunktion. Sonderziehungsrechte, deren Wert kontinuierlich oder

[10] Ein derartiger Vorschlag wurde unterbreitet von Modigliani, Franco und Askari, Hossein, The Reform of International Payments, Essays in International Finance, No. 89, Princeton, New Jersey 1971.

[11] Vgl. zu einer Darstellung der verschiedenen Möglichkeiten der Bewertung und Kaufkraftsicherung von Sonderziehungsrechten: Vaubel, Roland, Plans for a European Parallel Currency and SDR Reform: The Choice of Value-Maintenance Privisions and „Gresham's Law", in: Weltwirtschaftliches Archiv, Bd. 110 (1974), S. 194 - 228; Dreyer, Jacob S., The Mechanics of Alternative Valuations of the Special Drawing Right, in: Quarterly Review, Banca Nazionale del Lavoro, No. 114 (1975), S. 268 - 283; Ith, Hans, Sonderziehungsrechte und die Internationale Währungsreform, Diessenhofen 1975, S. 262 - 268.

diskontinuierlich abnimmt, sind als Rechenmittel selbst für offizielle Stellen kaum attraktiv.

Eine Mindestvoraussetzung für die Einführung von Sonderziehungsrechten als Rechenmittel stellt somit ihre Wertsicherung im Vergleich zu konkurrierenden Währungen dar. Eine solche Wertsicherung läßt sich, wie zuvor dargelegt, durch eine Politik des knappen Geldes oder durch eine Indexierung auf der Basis eines Güterbündels oder eines Währungsbündels realisieren. Sie läßt sich aber auch durch die Zahlung eines marktgerechten Zinses erreichen. Marktzinsen reflektieren zu einem großen Teil die Erwartung über die künftige Entwicklung der Wechselkurse.

Die Verwendung von Sonderziehungsrechten als Rechenmittel erfordert also zumindest eine attraktive Verzinsung oder wertmäßige Bindung an ein attraktives Güterbündel oder ein attraktives Währungsbündel. Sind diese Voraussetzungen nicht gegeben, können sich die Sonderziehungsrechte selbst auf Zwangsbasis noch nicht einmal im öffentlichen Sektor durchsetzen. Als generelles, auch im privaten Sektor einsetzbares Rechenmittel, Wertaufbewahrungsmittel oder Zahlungsmittel ist ihre Verwendung ohne Wertindexierung oder eine den Kaufkraftverlust kompensierende Verzinsung völlig undenkbar. Aus diesem Grund setzen sich sowohl Währungsexperten, die wegen des Greshamschen Gesetzes eine Beschränkung der Zahlungsmittelfunktion der Sonderziehungsrechte auf den Kreis der Zentralbanken befürworten, als auch solche, die die Verbreitung von Sonderziehungsrechten als Weltgeld beabsichtigen, für eine marktgerechte Verzinsung der Sonderziehungsrechte ein.

Eine derartige Verzinsung ließe sich am einfachsten durch die Orientierung des Sonderziehungsrechts-Zinses an einen Index wichtiger internationaler Zinssätze erreichen. Damit wäre eine Mindestvoraussetzung für die Einführung eines Sonderziehungsrechts-Standards erfüllt. Die zweite Mindestvoraussetzung, nämlich die Wertsicherung, ließe sich am einfachsten durch die Bindung der Sonderziehungsrechte an einen Index wichtiger Wechselkurse erreichen. Beide Indizes sollten möglichst einfach zu berechnen sein.

Die volle Konvertibilität der Sonderziehungsrechte wird nicht als Mindestvoraussetzung auf dem Wege zu einem Sonderziehungsrechts-Standard der geschilderten Form angesehen.

b) Neuere Aktivitäten

In jüngster Zeit sind einige beachtliche Fortschritte im Hinblick auf die Realisierung des vom Währungsfonds angestrebten Sonderziehungsrechts-Standards gemacht worden. Neben der bereits erwähnten

Zuteilung von jeweils 4 Mrd. Sonderziehungsrechten zu Beginn der Jahre 1979, 1980 und 1981 gehört hierzu der seit dem 1. April 1978 mögliche freie Transfer von Sonderziehungsrechten zwischen den Mitgliedsländern der Sonderziehungsrechts-Abteilung. Da inzwischen alle 140 Mitgliedsländer des Währungsfonds der Abteilung beigetreten sind, bedeutet dies, daß Sonderziehungsrechte zwischen den Ländern durch freie Abkommen gegen individuelle Währungen ausgetauscht werden können.

Seit der zweiten Satzungsänderung von 1978 sind von dem Exekutiv-Direktorium des Währungsfonds eine Anzahl weiterer Erleichterungen zur Verwendung von Sonderziehungsrechten im internationalen Zahlungsverkehr eingeführt worden[12]. Hierzu gehören im einzelnen:

1. die Möglichkeit, Sonderziehungsrechte in Swap-Operationen einzusetzen (Kauf von anderen Währungen mit Sonderziehungsrechten unter der Bedingung ihres Rückkaufs zu einem späteren Zeitpunkt mit der Festlegung des Wechselkurses bei Vertragsabschluß);
2. Sonderziehungsrechte in Termingeschäften zu verwenden (Kauf oder Verkauf von Sonderziehungsrechten zu einem späteren Zeitpunkt mit Festlegung des Wechselkurses bei Vertragsabschluß);
3. Kreditverträge auf Sonderziehungsrechts-Basis abzuschließen (Rückzahlungsbedingungen und Zinsen können frei vereinbart werden; Rückzahlung und Zinszahlung kann in Sonderziehungsrechten erfolgen);
4. Kreditsicherungsvereinbarungen in Sonderziehungsrechten zu treffen (zugeteilte Sonderziehungsrechte können als Sicherheitsleistungen direkt übertragen werden oder sie können vom Währungsfonds durch eine Bestätigung verpfändet werden);
5. Abschluß von allgemeinen Finanzverträgen in Sonderziehungsrechten;
6. Durchführung von Schenkungen in Form von Sonderziehungsrechten.

Der Einsatz von Sonderziehungsrechten für die genannten Zwecke ist allerdings an die Bedingung gebunden, daß die Abwicklung zu Tageskursen erfolgt. In diesem Zusammenhang ist auch die Einführung einer vereinfachten Berechnungsmethode für die Ermittlung der Tageskurse von Bedeutung. Ab 1. Januar 1981 besteht der für die Berechnung der Kurse verwendete Währungskorb nur noch aus fünf statt der zuvor sechzehn Währungen. In den Korb wurden die Währungen der fünf größten Exportländer in der Periode 1975 - 1979 eingebracht,

[12] Vgl. International Monetary Fund, Annual Report, Washington 1980, S. 92.

wobei neben den Exporten auch die im Durchschnitt gehaltenen Bestände an Währungsreserven Berücksichtigung fanden. Der Korb und seine Gewichte sind in Tabelle 15 dargestellt. Das gleiche Gewichtungsschema wird auch für die Berechnung des Sonderziehungsrechts-Zinses verwendet. Das Gewichtungsschema selbst soll im fünfjährigen Turnus überprüft werden. Der Sonderziehungsrechts-Wechselkurs wird an jedem Geschäftstag aufgrund der Tageskurse der betreffenden Währungen ermittelt. Der Sonderziehungsrechts-Zins wird vierteljährlich auf der Grundlage der Zinssätze von 15 Geschäftstagen vor den letzten beiden Geschäftstagen eines Quartalsendes berechnet.

Tabelle 15

Gewichtungsschema zur Berechnung des Wertes und des Zinses von Sonderziehungsrechten (Stand 1981)

	Gewicht (in Prozent)
Amerikanischer Dollar	42
Deutsche Mark	19
Französischer Franken	13
Japanischer Yen	13
Pfund Sterling	13

Als weitere wichtige Verbesserungen auf dem Weg zur Stärkung der Position der Sonderziehungsrechte im internationalen Währungssystem wurde vom Währungsfonds eine intensivere Nutzung der Sonderziehungsrechte bei den Transaktionen zwischen den Mitgliedsländern und dem Generalkonto vorgesehen[13].

So gelten für Sonderziehungsrechts-Operationen mit dem Generalkonto nunmehr folgende Regelungen:

1. Teilnehmer können fällige Rückzahlungen von Währungen, die ihnen kreditiert worden sind, in Form von Sonderziehungsrechten vornehmen;
2. Zahlungen von Zinsen und Gebühren im Zusammenhang mit der Inanspruchnahme von Krediten des Währungsfonds müssen in Sonderziehungsrechten vorgenommen werden;
3. Subskriptionskosten im Zusammenhang mit Sonderziehungsrechts-Zuteilungen und Quotenerhöhungen können in Sonderziehungsrechten gezahlt werden;

[13] Vgl. International Monetary Fund, Annual Report 1980, S. 93.

4. Habenzinsen können vom Währungsfonds in Sonderziehungsrechten gezahlt werden;
5. die bei Quotenerhöhungen bisher notwendige Einzahlung von 25 % in Form von Gold oder Devisen kann künftig in Sonderziehungsrechten vorgenommen werden.

Darüber hinaus wurde einer zusätzlichen Anzahl von internationalen Institutionen das Recht verliehen, Sonderziehungsrechte zu erwerben, zu halten und zu verwenden. Außerdem sind zwischenzeitlich Überlegungen angestellt worden, die Abwicklung der Finanztransaktionen beim Währungsfonds ausschließlich über Sonderziehungsrechte durchzuführen[14]. Eine solche Regelung würde die Führung von Konten in zwei unterschiedlichen Abteilungen, nämlich der Sonderziehungsrechts-Abteilung und der Allgemeinen Abteilung, überflüssig machen, es würde die unterschiedlichen Richtlinien für die Kreditvergabe beenden, und es würde die Arbeit des Währungsfonds generell vereinfachen.

[14] Vgl. Polak, Jacques J., Thoughts on an International Monetary Fund Based Fully on the SDR, IMF Pamphlet Series, No. 28, Washington 1979.

Zusammenfassung

Ziel der Studie ist eine umfassende ökonomische Analyse der Sonderziehungsrechte. Als zentrale Fragen werden hierbei der Einsatz der Sonderziehungsrechte als Rechenmittel, Wertaufbewahrungsmittel und Währungsreserven sowie ihre Wirkung auf den Zahlungsbilanzanpassungsprozeß und den Inflationsprozeß untersucht. Die Auswertung der vorhandenen Daten zeigt, daß Sonderziehungsrechte als Wertaufbewahrungsmittel und Reserveeinheit im Vergleich zu einzelnen nationalen Währungen in der Vergangenheit nicht besonders attraktiv gewesen sind. Die Daten zeigen ebenfalls, daß Sonderziehungsrechte dazu beigetragen haben, die im Zusammenhang mit den Ölpreiserhöhungen aufgetretene Zahlungsbilanzschwierigkeiten abzuschwächen.

Die Wirkungen der Sonderziehungsrechte auf die Weltinflation lassen sich dagegen nicht exakt quantifizieren. Theoretische Überlegungen deuten jedoch darauf hin, daß der Einfluß vernachlässigbar gering gewesen ist.

Darüber hinaus wird das Problem der Substitution kurzfristiger Dollar-Verbindlichkeiten durch Sonderziehungsrechte untersucht. Die für die 60er und 70er Jahre durchgeführten ex-post Analysen eines Substitutionskontos zeigen, daß ein solches Konto im Betrachtungszeitraum zu nicht unerheblichen Verlusten geführt hätte. Die Ursache hierfür lag in der trendmäßigen Abwertung des Dollars.

Mit der Rückkehr zu einem langfristigen stabilen Dollar ist das Verlustrisiko eines Substitutionskontos relativ gering. In einem weiteren Kapitel wird der Ausbau des internationalen Währungssystems zu einem Sonderziehungsrechtsstandard diskutiert. Hierbei werden die ökonomischen Implikationen von drei unterschiedlichen Formen eines solchen Standards analysiert.

Summary

The study intends to be a thorough economic analysis of Special Drawing Rights (SDR). It focuses on such questions as the use of the SDR as a unit of account, a store of value and, as an international reserve currency as well as its impact on the international adjustment and inflation processes. The available data show that SDRs were not particularly competitive in their function as a store of value and an international reserve medium when compared to some national currencies. However, SDRs contributed to reduce balance of payments disequilibria in the aftermath of oil price increases.

An exact quantification of their impact on the world-wide inflation rate is not possible. A theoretical examination implies a minimal influence.

In addition, substitution of SDRs for short term dollar liabilities in the international monetary system is analysed. An ex post analysis of a fictitious substitution account operating in the sixties and seventies shows that such an account would have incurred substantial losses as a consequence of the permanent dollar devaluation.

The return to a strong dollar reduces the risk of such losses. Finally, the economic implications of various forms of an SDR-standard as the basis of an international monetary system are analysed.

Résumé

Le but de cet ouvrage est une profonde analyse économique des Droits de Tirage Spéciaux (DTS). Les principaux thèmes sont l'usage des DTS en tant qu'unité de compte, de valeur et en tant que réserve monétaire, ainsi que les conséquences pour le processus d'adaptation du de paiements internationaux et pour le taux d'inflation. Une analyse des données montre que les DTS dans leur fonction de réserve de valeur et d'unitéde compte n'étaient pas compétitifs comparés à quelques monnaies nationales. Elles démontrent tant bien que les DTS ont contribué à réduire les difficultés d'adaptation des bilans de paiements internationaux à l'augmentation du prix de pétrole.

L'influence des DTS sur le taux d'inflation mondial ne se laissent pas exactement estimer. Un raisonnement théorique supporte la conclusion que l'effet doit être minime.

En suite la substitution de dettes internationales à court terme en dollar par des DTS est examinée. Une analyse ex post pour les années soixantes soixantes-dix montre qu'une pareille opération aurait produit de pertes non négligables, la dévaluation du dollar pouvant être considérée comme en étant la cause.

Avec le retour d'un cours de Dollar stabilisé les risques de perte peuvent être considéré comme étant réduits. Finalement l'évolution du système monétaire international vers un étalon-DTS est discuté, ainsi que les implications économiques de différentes formes de réalisation.

Literaturverzeichnis

Albrecht, Daniel Ulrich: Sonderziehungsrechte und internationale Liquidität, Winterthur 1973

Andersen, Uwe: Das internationale Währungssystem zwischen nationaler Souveränität und supranationaler Integration, Berlin 1977

Aschinger, Franz E.: Das Währungssystem des Westens, 2. Auflage, Frankfurt am Main 1973

— Sonderziehungsrechte als Hauptpfeiler?, in: Der Monat in Wirtschaft und Finanz, Nr. 10, 1974, S. 6 - 9.

— Das neue Währungssystem von Bretton Woods bis zur Dollarkrise 1977, Frankfurt am Main 1978.

Berg, Hartmut: Internationale Wirtschaftspolitik, UTB Vandenhoek, Göttingen 1976

Bernstein, Edward M.: The Adequacy of United States Gold Reserves, in: American Economic Review, Papers and Proceedings, Vol. LI (1961), S. 439 - 446

— A Practical Program for International Monetary Reserves, in: Quarterly Review and Investment Survey, 1963/IV, New York 1963

Bienert, Kurt: Sonderziehungsrechte, in: WiSt., Heft 11 (1972), S. 477 - 483

Bloomfield, Arthur I.: Monetary Policy under the International Gold Standard, 1880 - 1914, New York 1959

Bofinger, Peter: Das Substitutionskonto kann wichtige Funktionen erfüllen, in: Frankfurter Allgemeine Zeitung vom 11. 4. 1980

Cassel, Dieter: Inflation, in: Vahlens Kompendium der Wirtschaftstheorie und Wirtschaftspolitik, Bd. 1, München 1980, S. 223 - 274

Cassel, Gustav: Der Zusammenbruch der Goldwährung, Stuttgart 1937

Chrystal, K. Alec: International Money and the Future of the SDR, Essays in International Finance No. 128, Princeton, N. J. 1978

Claassen, Emil Maria: The Optimizing Approach to the Demand for International Reserves, in: Weltwirtschaftliches Archiv, Bd. 110 (1974), S. 353 - 398

— Der monetäre Ansatz der Zahlungsbilanztheorie, in: Weltwirtschaftliches Archiv, Bd. 111 (1975), S. 1 - 23

— Weltinflation, München 1978

Committee on Reform of the International Monetary System and Related Issues (Committee of Twenty): International Monetary Reform, Documents of the Committee of Twenty, Washington 1974

Cooper, Richard N.: Eurodollars, Reserve Dollars, and Asymmetries in the International Monetary System, in: Journal of International Economics, Vol. 2 (1972), S. 325 - 344

Crockett, Andrew D.: Control over International Reserves, in: IMF Staff Papers, Vol. 25 (1978), S. 1 - 24

de Cecco, Marco: Money and Empire. The International Gold Standard 1890 - 1914, Oxford 1974

Deutsche Bundesbank: Internationale Organisationen und Abkommen im Bereich von Währung und Wirtschaft, Sonderdrucke der Deutschen Bundesbank, Frankfurt am Main 1978

Dreyer, Jacob S.: The Mechanics of Alternative Valuations of the Special Drawing Right, in: Banca Nazionale del Lavoro, Quarterly Review, Vol. 114 (1975), S. 268 - 283

— Composite Reserve Assets in the International Monetary System, Greenwich, Conn. 1977

Düver, Frank: Gold und Sonderziehungsrechte, Frankfurt und Zürich 1975

Dunn, R. / *Ley*, R.: Special Drawing Rights: A Review of Reconstitution, 1972 - 76, in: Finance and Development, Vol. 14 (1977), No. 1, S. 32 - 39

Eckelt, Ernst: Sonderziehungsrechte als Rechnungseinheit in den Weltbilanzen und im Abrechnungsverkehr multinationaler Konzerne, in: Der Betrieb, Bd. 29 (1976), S. 2097 - 2100

Fallon, Padraic: Diversification versus Substitution, in: Euromoney, October 1979, S. 8 - 20

Feuerlein, W. J.: The Dollar and Special Drawing Rights, in: Intereconomics, Review of International Trade and Development, No. 3 (1979), S. 111 - 115

Frenkel, Jacob A. / *Johnson*, Harry G. (Hg.): The Monetary Approach to the Balance-of-Payments, London 1976

Görgens, E.: Umverteilung von Sonderziehungsrechten als Instrument der Entwicklungshilfefinanzierung, in: Kredit und Kapital, Berlin, 8. Jg. (1975), S. 47 - 63

Gold, Joseph: Special Drawing Rights: Character and Use, IMF Pamphlet Series No. 13, Washington 1970

— Floating Currencies, Gold, and SDRs. Some Recent Legal Developments, IMF Pamphlet Series No. 19, Washington 1976

— SDRs, Gold, and Currencies. Third Survey of New Legal Developments, IMF Pamphlet Series No. 26, Washington 1979

Gomes, Leonard: International Economic Problems, London 1978

Group of Ten: Communiqué of Ministers and Governors and Report of Deputies, The Hague 1966

Group of Thirty: Towards a Less Unstable International Monetary System: Reserve Assets and a Substitution Account, Washington 1980

Grubel, Herbert G.: The International Monetary System, London 1977

Gruppe der Zehn: Bericht der Sachverständigengruppe zum Studium der Schaffung von Währungsreserven, deutsche Übersetzung, Frankfurt am Main 1965

Habermeier, Walter O.: Operations and Transactions in SDRs: The First Basic Period, IMF Pamphlet Series No. 17, Washington 1973

— The Future of the SDR as an International Unit of Account, in: Journal of Social and Political Studies, Vol. 4 (1979), H. 3, S. 283 - 289

— Das geplante Substitutionskonto des IMF, in: Zeitschrift für das gesamte Kreditwesen, 33. Jg. (1980), S. 87 - 88

Heller, H. Robert: International Reserves and World-Wide Inflation, in: IMF Staff Papers, Vol. 23 (1976), S. 61 - 87

Hirsch, Fred: SDRs and the Working of the Gold Exchange Standard, in: IMF Staff Papers, Vol. 18 (1971), S. 221 - 253

— An SDR Standard: Impetus, Elements, and Impediments, Essays in International Finance No. 99, Princeton, N. J. 1973

Horsefield, J. Keith (Hg.): The International Monetary Fund 1945 - 1965, Vol. III, Documents, Washington 1969

International Monetary Fund: The Adequacy of Monetary Reserves, in: IMF Staff Papers, Vol. III (1953/54), S. 181 - 227

— International Reserves and Liquidity, Washington 1958

— Reform of the International Monetary System, A Report by the Executive Directors to the Board of Governors, Washington, D. C. 1972

Issing, Otmar: Leitwährung und internationale Währungsordnung, Berlin 1965

— Reform des internationalen Währungssystems — das Ende einer Illusion?, in: Außenwirtschaft, Zeitschrift für Internationale Wirtschaftsbeziehungen, 29. Jg. (1974), S. 309 - 320

Ith, Hans: Die Sonderziehungsrechte und die internationale Währungsreform, Diessenhofen 1975

Kebschull, Dieter: Koppelung von SZR und Entwicklungshilfe, in: Wirtschaftsdienst, 52. Jg. (1972), S. 131 - 133

Kenen, Peter B.: Techniques to Control International Reserves, in: Mundell, Robert A. und Polak, Jacques J. (Hg.), New York 1977, S. 202 - 222

Kindleberger, Charles P.: The World in Depression 1929 - 1939, London 1973

— The SDR as International Money, in: Coulbois, Paul (Hg.), Essais en L'Honneur de Jean Marchal, Bd. 2, La Monnaie, Paris 1975, S. 303 - 314

Kolloch, K. / *Schirmeister,* C.: Sonderziehungsrechte als Mittel imperialistischer Hegemonialpolitik, in: IPW-Berichte, Institut für Internationale Politik und Wirtschaft, Heft 5 (1977), S. 30 - 40

Konrad, Anton: Entwicklungstendenzen der internationalen Liquidität, in: Wirtschaftsdienst, 56. Jg. (1976), S. 308 - 311

— Der Plan eines Substitutionskontos beim IWF, in: Wirtschaftsdienst, 59. Jg. (1979), S. 280 - 283

Küng, Emil: Die gegenwärtige internationale Währungsordnung, in: WiSt., Heft 4 (1972), S. 150 - 154

— Die Sonderziehungsrechte des Internationalen Währungsfonds, in: WiSt., Heft 1 (1979), S. 13 - 17

— Die Versorgung der Weltwirtschaft mit Währungsreserven, Walter Eucken Institut, Vorträge und Aufsätze Nr. 48, Tübingen 1974, S. 32 - 44

Lutz, Friedrich A.: Goldwährung und Wirtschaftsordnung, in: Weltwirtschaftliches Archiv, Bd. 41 (1935), S. 234 - 241

McKinnon, Ronald I.: Private and Official International Money: The Case for the Dollar, Essays in International Finance No. 74, Princeton, N. J. 1969

Machlup, Fritz: Plans for Reform of the International Monetary System, Special Papers in International Economics No. 3, Princeton 1964

— Remaking the International Monetary System, Baltimore 1968

— The Expanded Role of SDRs and the Possibilities of an SDR Standard, in: Swoboda, Alexander K. (Hg.), Europe and the Evolution of the International Monetary System, Leyden 1973, S. 25 - 34

— The Official SDR Standard and Private SDR Money, in: Euromoney, H. 11 (1973), S. 29 - 33

Meyer, Fritz W.: Sonderziehungsrechte für Sonderinteressen, in: Ordo, Bd. 21 (1970), S. 129 - 141

Modigliani, Franco / *Askari*, Hossein: The Reform of International Payments, Essays in International Finance No. 89, Princeton, N. J. 1971

Moeller, Hero: Goldwährung, in: Handwörterbuch der Sozialwissenschaften, Bd. 4, Stuttgart, Tübingen, Göttingen 1965, S. 614 - 618

Murphy, Carter J.: The International Monetary System, Washington 1979

Neumann, Manfred J. M.: Special Drawing Rights and Inflation, in: Weltwirtschaftliches Archiv, Bd. 109 (1973), S. 232 - 252

Pfleiderer, Otto: Randbemerkungen zu einigen grundsätzlichen Aspekten der Sonderziehungsrechte, in: Beiträge zur Wirtschaftspolitik, Bd. 25 (1975), S. 451 - 465

Polak, Jacques J.: Some Reflections on the Nature of Special Drawing Rights, IMF Pamphlet Series No. 16, Washington 1971

— Thoughts on an International Monetary Fund Based Fully on the SDR, IMF Pamphlet Series No. 28, Washington 1979

— The SDR as a Basquet of Currencies, in: IMF Staff Papers, Vol. 26 (1979), S. 627 - 653

Rey, Jean-Jacques: Le Compte de Substitution: de Rio à Hambourg?. in: Revue de la Banque, Vol. 44 (1980), S. 221 - 242

Rueff, Jacques: Die Währungssünden der westlichen Welt, Frankfurt am Main 1972

Sacchetti, Ugo: The SDR: Ten Years of Experience, in: Banca Nazionale del Lavoro, Quarterly Review No. 137 (1979), S. 391 - 405

Saupe, G.: Substitutionskonto im IWF zeichnet sich ab, in: Die Bank, Nr. 9 (1979), S. 428 - 430

Schäfer, Wolf: Die Bewertung und Verzinsung der Sonderziehungsrechte, in: Das Wirtschaftsstudium, 4. Jg., Nr. 9 (1975), S. 436 - 441

Siebke, Jürgen / *Willms*, Manfred: Theorie der Geldpolitik, Berlin, Heidelberg, New York 1974

Solomon, Robert: The International Monetary System 1945 - 1976, New York 1977

— Techniques to Control International Reserves, in: Mundell, Robert A. und Polak, Jacques J. (Hg.), The New International Monetary System, New York 1977, S. 185 - 201

Stern, Robert M.: The Balance of Payments — Theory and Economic Policy, London 1973

Stoffers, E. / *Rosen*, R. v.: Die Kreditfazilitäten des Internationalen Währungsfonds, in: Sparkasse, 93. Jg., Nr. 9 (1976), S. 325 - 328

Suss, Esther C.: A Note on Reserve Use under Alternative Exchange Rate Regimes, in: IMF Staff Papers, Vol. 23 (1976), S. 387 - 394

Swoboda, Alexander K.: Monetary Approaches to Balance-of-Payments Theory, in: Claassen, Emil M. und Salin, Pascal (Hg.), Recent Issues in International Monetary Economics, Amsterdam, New York, Oxford 1974, S. 3 - 23

Triffin, Robert: Gold and the Dollar Crisis, New Haven 1960

— The Use of SDR Finance for Collective Agreed Purposes, in: Banca Nazionale del Lavoro, Quarterly Review No. 96 (1971), S. 3 - 11

Vaubel, Roland: Plans for a European Parallel Currency and SDR Reform: The Choice of Value-Maintenance Provisions and „Gresham's Law", in: Weltwirtschaftliches Archiv, Bd. 110 (1974), S. 194 - 228

— Strategies for Currency Unification, Kieler Studien, Bd. 156, Tübingen 1978

— Ein Substitutionskonto wird teuer, in: Frankfurter Allgemeine Zeitung vom 26. 3. 1980

Veit, Otto: Grundriß der Währungspolitik, 2. Auflage, Frankfurt am Main 1961

Wagenhößer, Edith: Unsere internationalen Währungsbeziehungen, Schriften des Bundesministeriums der Finanzen, Bonn 1977

Walter, Franz R.: Die Sonderziehungsrechte, Berlin 1974

Weise, Herbert: Das Gold in der Weltwirtschaft, unveröffentlichtes Manuskript, Kiel 1969

— Möglichkeiten und Grenzen des Goldes im internationalen Währungssystem, in: Weltwirtschaftliches Archiv, Bd. 104 (1968), S. 203 - 254

— Gold als gewerblicher Rohstoff, Vermögensanlage und Währungsreserve, in: Weltwirtschaftliches Archiv, Bd. 107 (1971), S. 319 - 368

— Die Rolle des Pfundes Sterling in der Europäischen Wirtschaftsgemeinschaft, in: Maandschrift Economie (1972), S. 427 - 458

Westdeutsche Landesbank: Das Substitutionskonto als Instrument des Recycling?, in: Lagebericht Wirtschaft, H. 1 (1980), S. 12 - 14

Wiliams, John H.: Monetary Stability and the Goldstandard, in: Williams, John H., Postwar Monetary Plans and other Essays, 2. Aufl., New York 1945, S. 173 - 190

Williamson, John: The Failure of World Monetary Reform, 1971 - 74, Sunbury-on-Thames 1977

Willms, Manfred: Währung, in: Vahlens Kompendium der Wirtschaftstheorie und Wirtschaftspolitik, Bd. 1, München 1980, S. 191 - 221

Yeager, Leland B.: International Monetary Relations: Theory, History and Policy, 2. Aufl., New York, Evanston, San Francisco, London 1976

Ypersele, J. van: A Central Position for the Special Drawing Right in the International Monetary System, in: Banca Nazionale del Lavoro, Quarterly Review, Vol. 123 (1977), S. 381 - 397

Zippel, Wulfdiether: Zur langfristigen Instabilität des Bretton Woods Systems, Berlin 1977

— Gegenstand und Analyse der Pläne zur Neugestaltung der internationalen Geldverfassung, Berlin 1978

Kolibri 360 GmbH
Ferdinand-Jühlke-Straße 7
99095 Erfurt, Deutschland
produktsicherheit@kolibri360.de

Druck:
CPI Druckdienstleistungen GmbH
im Auftrag der
Kolibri 360 GmbH
Ferdinand-Jühlke-Str. 7
99095 Erfurt